쉼,
주님을
만나는
시간

IL PADRE NOSTRO : Non sprecate parole by Carlo Maria Martini
© 2016 Edizioni San Paolo s.r.l
Piazza Soncino 5 - 20092 Cinisello Balsamo (Milano) - ITALIA
www.edizionisanpaolo.it

쉼, 주님을 만나는 시간

2019년 4월 3일 교회 인가
2019년 8월 15일 초판 1쇄 펴냄
2023년 9월 22일 초판 5쇄 펴냄

지은이 · 카를로 마리아 마르티니
옮긴이 · 안소근
펴낸이 · 정순택
펴낸곳 · 가톨릭출판사
편집 겸 인쇄인 · 김대영
편집 · 이아람, 김소정, 정주화
디자인 · 정진아

본사 · 서울특별시 중구 중림로 27
등록 · 1958. 1. 16. 제2-314호
전자우편 · edit@catholicbook.kr
전화 · 1544-1886(대표 번호)
지로번호 · 3000997

ISBN 978-89-321-1631-0 04230
　　　978-89-321-1630-3 (세트)

값 13,000원

성경·교회 문헌 ⓒ 한국천주교중앙협의회

이 책의 한국어 출판권은 (재)천주교서울대교구 가톨릭출판사에 있습니다.
저작권법에 의해 한국 내에서 보호를 받는 저작물이므로 무단 전재와 무단 복제를 금합니다.

가톨릭의 모든 도서와 성물을 '가톨릭출판사 인터넷쇼핑몰'에서 만나 보실 수 있습니다.
http://www.catholicbook.kr | (02)6365-1888(구입 문의)

쉼, 주님을 만나는 시간

최고의 기도를 배우다

카를로 마리아 마르티니 지음
안소근 옮김

가톨릭출판사

***일러두기**

이 책에 언급된 이냐시오 데 로욜라 성인의 '영신 수련' 국문 번역본은 《영신 수련》(성 이냐시오 지음, 정제천 요한 옮김, 이냐시오 영성 연구소)에서 발췌하였습니다. 해당 구절은 모두 *로 표기 하였습니다.

> 소개의 글

아버지의 나라가 오시며

이 책은 밀라노 대주교 마르티니 추기경님이 사제들을 위한 피정에서 주님의 기도에 대해 했던 강의들로 구성되어 있습니다. 같은 저자의 다른 책들에서와 마찬가지로, 현실에 밀접하게 연관되어 있고 피정자들과 강론자가 체험한 상황들을 구체적으로 언급한다는 점에서 이 책은 '일상의' 자연스러움과 풍요로움이 담긴 보물입니다. 이 책은 2005년에 먼저 포르타루피Portalupi 출판사에서 출판된 바 있습니다.

마르티니 추기경님은 피정자들에게 예수님께서 가르쳐 주신 기도에 대한 여러 묵상을 제시하며, 테르툴리아노와 마찬가지로 이 기도를 '복음의 요약'으로 봅니다. 주님의 기도가 우리 모두가 외우고 있는 기도라 할지라도, 우리는 그것이 "매번 새롭고 신비로우며 다양한 의미를 담고 있음"을 놓치지 말아야 합니다. 이 기도는 그리스도만이 우리에게 전해 주실 수 있었던 풍요로움을 대변합니다. "주님의 기도, 복음의 가르침, 우리를 위하여 돌아가시고 부활하신 하느님의 아드님 예수님의 삶 사이에는 완전한 대응과 일치가" 있기 때문입니다.

특히 주님의 기도의 문체가 그렇습니다. 예수님 자신이 그러하셨듯이, 이 기도의 특징은 드러나지 않음, 소박한 말, 항구함, 그리고 '아름다운 기도문'을 만들어 심리적 만족을 찾으려 하기보다 "하느님의 뜻에 따라 성도들을 위하여 간구"(로마 8,27)하시는 성령께 의탁하는 자녀다운 신뢰입니다.

핵심은 바로 자녀다운 신뢰입니다. 그리스도께서 가르쳐 주신 기도에서 작용해야 하는 것은 아버지와 자녀 사이의 순환 관계입니다. 다만 한 가지 조건이 있습니다. 예수님께서는 우리에게 "아버지"라고 말하도록 가르치심으로써, 흔히 멀리 계신 분으로 생각하는 하느님에 대한 따뜻한 애정의 관계만을 언급하시는 것이 아닙니다. 그분께서는 "아버지의 뜻을 행하고자 하시는 당신의 결단에 우리를 동참하게" 하십니다. 그러므로 아버지라고 말할 때 우리는 "우리의 삶과 우리의 죽음을 거는" 것이고, 그것이 우리 삶의 근본적 선택들에서 결정의 기준이 되게 합니다. 또한 우리 삶 전체의 방향을 결정하는 근본적 선택에서 그 힘에 호소하는 것입니다.(1장).

이 기도를 시작하는 호칭은 이렇게 하여 새로운 빛을 받게 됩니다. "아버지의 이름이 거룩히 빛나시며"는 모든 이들이 하느님과 그분 업적들의 위대함을 찬양하도록 하는 우리의 참여를 내포합니다. 하지만 여기에서, 하느님의 이름을 거룩하게 하는 첫째이고 기본적인 방법은 찬미와 감사를 통해서라는 것을 절대 잊지 말아야 합니다. 하느님의 이름을 거룩하게 하는 것은 실상 "무엇보다 먼저 하느님의 업적"이고, 우리에게 해당하는 것은 첫째로 "우리는 그분께 당신 영광을 맡겨 드리는 것"입니다. "우리가 그 영광을 '부풀려야' 하는 것이 아닙니다. 하느님께서 친히 그 영광을 돌보시며, 우리는 그 영광을 드러내시기를 청하는 것입니다."(2장)

이 영광으로 빛을 받는 그리스도인들은 화해의 능동적 주체가 되라는 도전을 받아들입니다. 마르티니 추기경님의 말들은 주님의 기도에 내포된 전례 없는 요청을 힘 있게 강조합니다. 잘못하는 사람을 용서하는 것으로 충분치 않습니다. 다른 사람이 우리에게 반감을 갖지 않도록 우리가 그 첫걸음을 해야 합니다. 관점을 바꾸어 보면, "잘못을 용서하는" 것은 아버지의 자비 안으로 들어가는 것이고 그리스도께서 우리를 사랑하셨듯이 사랑하는 것입니다(2장). 마찬가지로, "저희를 유혹에 빠지지 말게 하시고"(3장) 역시 유혹의 기회 자체를 피할 책임을 뜻하기도 합니다(마르티니 추기경님은 그 다섯 종류를 열거합니다. 그것은 현혹, 모순, 환상, 하느님의 침묵, 예수님의 무의미함입니다). 그것은 "악에 저항하는" 책임과 결합되어 있습니다. 악에 저항하는 것은 성령의 위로를 받아들이게 해 주고 사탄의 속임수를, 그가 간계와 음침한 설득으로 우리를 현혹하고 슬프게 하고 두려워하게 하고 속이는 것에서 드러납니다(3장).

이어서 추기경님은, 많은 이들이 주님의 기도의 가장 중요한 청원이라고 여기는 부분을 묵상합니다. "아버지의 나라가 오시며"라는 말로 그리스도인들은 완성된 질서가 법적으로 회복되기를 간청하는 것이 아니라, 역동적으로 그것을 실현하도록 노력하는 것입니다. 앞서 설명한 모든 청원들 곧 하느님 이름을 거룩하게 하는 것, 잘못을 용서하는 것, 유혹을 피하는 것, 악에 저항하는 것은 모두 여기에 기여합니다. 그 모든 것이 하느님 나라에 대한 청원으로 수렴됩니다. 하느님 나라는 "쉽게 정의되지 않지만, 매일 예수님을 따르며 그분 복음의 말씀을 신뢰할 때에 체험되는 실재입니다. 하느님 나라는 예수님을, 공생활의 시작인 요르단 강에서부터 죄인들 사이에 서시어 당신 자신을 낮추시고, 이를 통해 겸손하게 감추어진 채로 특권을 버리며 하느님 나라를 선포하고자 하심을 선언하신 바로 그 예수님을 따르기 시작하면서 체험하는 실재입니다."

이 나라는 정복할 수 있는 것이 아니라 다만 청할 수 있을 뿐입니다. "그 나라를 이루시는 분은 하느님이십니다. 그분께서 마음 안에 들어가시고 마음들을 사로잡으십니다. 그분께서 성령의 은총으로 영혼들을 차지하시고 그 영혼들을 예수님의 모습으로 변화시키십니다. 다른 말로 하면 그 나라는 바로 예수님이시고, 그분의 삶이고, 그분께서 살고 사랑하고 고통을 받으시는 방식입니다."(4장)

그리스도처럼 사랑하고 믿고 희망하면서, 교회는 한 목소리로 하느님의 뜻이 이루어지는 가운데 그 나라가 오시기를 간청합니다(4장). 그리스도처럼 살아감으로써 모든 인간은 자신의 "예"로써, 하늘에 계신 아버지의 자녀들을 낳으며 세상 안에서 확산되어 가는 사랑의 불길에 동의하는 것입니다.

주세페 마차Giuseppe Mazza (교황청립 그레고리오 대학 교수)

> 도입

주님의 기도의 핵심으로 들어가기

무엇보다 먼저, 다시 한번 저에게 피정을 동반할 수 있도록 허락하시는 주님께 감사를 드리고 싶습니다. 여러분 한 사람 한 사람을 만나는 것, 여러분의 영적 여정을 만나고 조금이나마 여러분과 함께 걸어가는 것은 저에게 아주 큰 선물입니다. 피정을 동반할 때마다, 로마 신자들에게 보낸 서간 첫머리에 나오는 바오로 사도의 말이 기억납니다. "나는 여러분을 보게 되기를 간절히 바랍니다. 여러분과 함께 성령의 은사를 나누어 여러분의 힘을 북돋아 주려는 것입니다. 다시 말하면, 내가 여러분과 같이 지내면서 여러분의 믿음과 나의 믿음을 통하여 다 함께 서로 격려를 받으려는 것입니다."(로마 1,11-12)

함께 가는 이러한 신앙의 여정은 저에게도 도움이 됩니다.

새로운 체험을 시작하면서, 피정이 무엇인지를 되짚어 보는 것이 필요합니다. 흔히 성서 주간이나 보충적인 교리 교육, 수덕적 묵상, 기도 훈련을 피정이라고 부르기도 합니다.

이런 것들은 매우 유용하고 아주 좋으며 고유한 의미의 피정에서도 사용됩니다. 하지만 제가 핵심이라고 보는 것은, 피정은 성령의 직무라는 점입니다. 성령께 귀를 기울임으로써 성령의 도우심을 받아 지금 이 순간에 하느님의 뜻이 무엇인지를 식별하고, 기쁨과 신뢰로 그 뜻을 받아들여 실행하는 것입니다. 성령께서는 우리를 가만히 두지 않으십니다. 언제나 우리를 춤추게 하시고, 굳어진 움직임에서 우리를 풀어 놓으십니다.

그러니, 성령께 열려 있는 가운데 하느님의 말씀이 나에게 말씀하시고 지금, 올해에, 지금의 건강 상태와 관계들, 장상들, 어려움과 불편함, 영적·사회적·정치적인 상황 속에서 나에게 바라시는 것이 무엇인지를 말씀하시도록 가장 좋은 조건을 마련하는 것이 필요합니다.

또한 피정은 직접성의 직무라고도 말할 수 있습니다.

신학자 카를 라너Karl Rahner가 잘 설명하듯이, 하느님께서는 내 안에서 직접 활동하시며 나의 마음에 말씀하시고, 각자의 영혼과 직접 접촉하려 하십니다. 각자에게, 다른 누구에게도 요구하지 않으실 것을 요구하시기 위해서입니다.

여러분이 준비를 잘하고 피정을 시작하기를 바라는 마음에서, 두 가지 질문에 대답해 보시기를 바랍니다. 글로 써 보는 것도 좋습니다.

첫째 질문은, 내가 어떤 마음으로 피정에 왔는가 하는 것입니다. 매년 우리는 서로 다른 방식으로 피정에 옵니다. 때로는 피곤하거나, 언짢거나, 마음이 산란하거나, 오기 싫을 때도 있습니다. 때로는 기꺼이 피정을 하고 싶습니다. 또 어떤 때에는 분심이나 걱정, 분노로 가득할 때도 있습니다. 우리에게 짐이 되는 어떤 특별한 주제를 갖고 씨름하려는 마음으로 피정을 시작하기도 합니다. 이러한 자신의 마음 상태를 의식하는 것은 매우 유익합니다.

둘째 질문은, 피정이 끝났을 때는 내가 어떤 상태이기를 바라는가 하는 것입니다. 만족스럽게 피정을 마치기 위해서, 특별히 어떤 은총을 청하고자 합니까?

이 기간에, 신앙 안에서 통교하는 시간을 가짐으로써 서로를 길러 줄 수도 있을 것입니다. 또 원한다면 이 기간에, 듣고 묵상한 것 가운데에서 자신에게 깊이 남았던 것, 다른 이들에게도 도움이 될 것을 표현할 수 있을 것입니다.

각자 저에게 전하고 싶은 것이 있다면 대화를 통해서 또는 생각을 적음으로써 어떤 의견이나 질문, 묵상을 나눌 수 있을 것입니다.

제 편에서 할 일은 아주 간단합니다. 하느님 말씀 몇 단락과 성경에서 나오는 생각을 제시할 것인데, 이는 피정의 주제가 아니라 ⁽피정

주제는 성령께 대한 순종을 추구하는 것입니다.) 오히려 그 배경이 됩니다. 이번 피정에서는 주님의 기도를 성서적 배경으로 선택하고자 합니다.

아마도, 주님의 기도는 외울 수도 있고 무수히 그 기도를 했다고 말하고 싶을 것입니다. 사실입니다. 하지만 그 기도는 언제나 놀라운 것들을 감추고 있습니다. 주님의 기도는 매번 새롭고 신비로우며 다양한 의미를 담고 있습니다. 흔히 우리는 그 풍부함을 모두 파악하지 못합니다. 우리는 주님의 기도를 복음서의 종합이라고도 볼 수 있습니다.

테르툴리아노가 주님의 기도를 '복음서 전체의 요약(브레비아리움 토티우스 에반젤리이breviarium totius Evangelii)'이라고 부른 것은 우연이 아닙니다. 이 정의는 저에게 매력적입니다. 이미 오래전에 돌아가셨지만 지금도 잊을 수 없는 저의 영적 지도자 미셸 레드뤼스Mechel Ledrus 신부님은 이에 따라서 자신의 책에 《복음적 기도인 주님의 기도*Il padre nostro preghiera evangelica*》라는 제목을 붙였습니다.* 이 기도는 실상 복음서 전체를 요약합니다. 이 기도를 잘 이해한다면 주님의 기도가 예수님만이 할 수 있고, 그분만이 가르치실 수 있었던 기도임을 알게 될 것입니다. 주님의 기도, 복음서의 가르침, 우리를 위하여 돌아가시고 부활하신 하느님의 아드님 예수님의 삶 사이에는 완전한 대응과 일치가

---

* M. Ledrus, 《*Il Padre nostro preghiera evangelica*》, Borla, Roma 1981.

있기 때문입니다.

학문적인 책들에서 다루는 주석을 전제하면서, 주님의 기도에 대하여 몇 가지 묵상 주제를 간략하게 제시하고자 합니다. 미국 주해서들의 총서인 《헤르메네이아*Hermeneia*》 시리즈에서는 주님의 기도 본문에 대해 빽빽하게 백여 페이지를 다루고 참고 문헌만도 십여 페이지입니다. 지금 주석을 하지는 않을 것이지만, 주님의 기도가 일 년 내내 다룰 만한 주제가 된다는 점은 염두에 두어야 할 것입니다.

성인들이 그들의 체험에서 남겨 준 증언들이 생각납니다. 예를 들어 예수의 데레사 성녀는 《완덕의 길》에서 이 기도의 첫 마디에 대한 설명을 시작하며 열렬한 환호를 보냅니다. "'하늘에 계신 우리 아버지.' …… 우리의 지성이 사로잡히고 우리의 의지가 꿰뚫려, 우리는 더 이상 말을 할 수 없게 될 것입니다. …… 복되신 아드님께서 당신 아버지가 '하늘에' 계시다고 말씀하실 때, 영혼은 침잠하여 자신을 넘어서고 그분께서 당신 아버지께서 머무시는 곳에 대해 자신에게 가르치시는 것을 듣게 될 것입니다."《완덕의 길》, 27,1)

아기 예수의 데레사 성녀의 말을 기억하는 것도 아름다운 일입니다. 성녀는 주님의 기도가 어떤 것을 생각하게 했는지를 이야기했습니다. "때로 제 영이 메말라 좋으신 하느님과 결합되기 위한 생각을 전혀 할 수 없을 때, 저는 아주 천천히 주님의 기도와 천사의 인사를 기도합니다. 그러면 이 기도들이 저를 사로잡습니다. 그것은 빨리

백 번을 기도했을 때보다 제 영혼을 더 많이 길러 줍니다."(원고 C, 318) 주님의 기도는 성녀에게 이런 것이었습니다.

동료 수녀는 이렇게 증언합니다. "데레사는 하느님과 계속 결합되어 있었고, 멈추지 않고 기도했습니다. 어느 날 자신의 작은 방에 있는 것을 보았는데, 매우 빠른 속도로 바느질을 하고 있었지만 깊이 침잠하는 듯이 보였기에 그 이유를 물어보았습니다. 그러자 '주님의 기도를 바치고 있어요.'라고 말했습니다. '주님의 기도를 바치는 것은 정말 아름답지요.'라고 말하면서, 눈에는 눈물이 반짝이고 있었습니다."

예수님께서 가르쳐 주신 기도의 핵심으로, 그 정신으로 들어가는 것, 이것이 우리의 갈망입니다.

주 예수님, 당신께서는 저희가 이 피정 동안 더 열심히 기도하고자 하는 갈망으로 당신 앞에 있는 것을 보십니다. 하지만 자주 그랬던 것처럼, 당신께 다시 청합니다. 기도를 가르쳐 주십시오!

매년 삶의 경험들이 저희가 기도할 줄 모른다는 것을, 올바른 기도의 자세를 계속해서 배워야 함을 보여 줍니다. 그래서 저희에게 주님의 성령을 주시기를 청합니다. 이냐시오 데 로욜라 성인에게 가르치셨듯이, 베드로 사도에게, 바오로 사도에게, 예수의 데레사 성녀에게, 아기 예수의 데레사 성녀에게, 당신의 모든 성인에 가르치셨듯이 저희에게도 기도를 가르쳐 주십시오. 당신께서 사셨던 것처럼 저희도 그렇게 주님의 기도를 살고자 합니다. 당신의 도움과 위로를 느끼게 해 주시고, 당신의 은총으로 이 기도의 날들에 충실할 수 있게 해 주십시오.

  자비의 어머니, 기도의 모후, 내적인 삶의 수호자이신 성모님, 저희를 위하여 빌어 주소서.

차례

소개의 글 아버지의 나라가 오시며   5
도입   주님의 기도의 핵심으로 들어가기   11

1장   우리 아버지
강론   여러분이 하느님의 성전입니다   23
묵상 1   복음서 안에서 살펴본 주님의 기도   28
묵상 2   하늘에 계신 우리 아버지   42

2장   성령께서 주신 말씀
강론   성령과 말씀   61
묵상 3   아버지의 이름이 거룩히 빛나시며   68
묵상 4   저희에게 잘못한 이를 저희가 용서하오니 저희 죄를 용서하시고   89

3장 악의 그림자가 다가올 때
강론 나는 그 일을 하도록 파견된 것이다   111
묵상 5 저희를 유혹에 빠지지 않게 하시고   117
묵상 6 악에서 구하소서   132

4장 하느님의 뜻 깨닫기
강론 말씀에 대한 무한한 신뢰   153
묵상 7 아버지의 나라가 오시며   160
묵상 8 아버지의 뜻이 하늘에서와 같이 땅에서도 이루어지소서   175

5장 가장 소박한 청원
강론 성령의 자유 안에서   197
묵상 9 오늘 저희에게 일용할 양식을 주시고   205
끝맺음 말씀의 풍요로움을 기억하며   217

부록   222

1장
우리 아버지

> 강론

여러분이 하느님의 성전입니다

성체는 매일 우리의 모든 일의 중심이 될 것입니다. 빵을 쪼갤 때 주님께서 우리를 건설하시고 만나러 오시기 때문입니다. 성령께서 우리를 직접 건드리시어 우리의 마음을 변화시키시고 하느님의 뜻을 알게 하시며 식별의 선물을 주시기 때문입니다.

여러분은 …… 하느님의 건물입니다. 나는 하느님께서 베푸신 은총에 따라 지혜로운 건축가로서 기초를 놓았고, 다른 사람은 집을 짓고 있습니다. 그러나 어떻게 집을 지을지 저마다 잘 살펴야 합니다. 아무도 이미 놓인 기초 외에 다른 기초를 놓을 수 없기 때문입니다. 그 기초는 예수 그리스도이십니다.

여러분이 하느님의 성전이고 하느님의 영께서 여러분 안에 계시다는 사실을 여러분은 모릅니까? 누구든지 하느님의 성전을 파괴하면 하느님께서도 그자를 파멸시키실 것입니다. 하느님의 성전은 거룩하기 때문입니다. 여러분이 바로 하느님의 성전입니다.(1코린 3,9-11.16-17)

예수님께서 카이사리아 필리피 지방에 다다르시자 제자들에게, "사람의 아들을 누구라고들 하느냐?" 하고 물으셨다. 제자들이 대답하였다. "세례자 요한이라고 합니다. 그러나 어떤 이들은 엘리야라 하고, 또 어떤 이들은 예레미야나 예언자 가운데 한 분이라고 합니다.'

예수님께서 '그러면 너희는 나를 누구라고 하느냐?' 하고 물으시자, 시몬 베드로가 '스승님은 살아 계신 하느님의 아드님 그리스도이십니다.' 하고 대답하였다. 그러자 예수님께서 그에게 이르셨다. '시몬 바르요나야, 너는 행복하다! 살과 피가 아니라 하늘에 계신 내 아버지께서 그것을 너에게 알려 주셨기 때문이다. 나 또한 너에게 말한다. 너는 베드로이다. 내가 이 반석 위에 내 교회를 세울 터인즉, 저승의 세력도 그것을 이기지 못할 것이다. 또 나는 너에게 하늘나라의 열쇠를 주겠다. 그러니 네가 무엇이든지 땅에서 매면 하늘에서도 매일 것이고, 네가 무엇이든지 땅에서 풀면 하늘에서도 풀릴 것이다.'"(마태 16,13-19)

오늘 전례의 독서에서 우리는 이냐시오 데 로욜라 성인의 영신 수련에서 중요한 한 단어를 보게 됩니다. 앞으로 며칠 사이에 이 단어를 다시 접할 것입니다. 그것은 '기초'입니다. "아무도 이미 놓인 기초 외에 다른 기초를 놓을 수 없기 때문입니다. 그 기초는 예수 그리스도이십니다." 복음서에서도 이렇게 말합니다. "너는 베드로이다. 내가 이 반석 위에 내 교회를 세울 것이다."

그러니 그리스도인의 삶에는 하나의 기초가 있는 것입니다. 그것은 객관적으로는 예수님이고 주관적으로는 그분에 대한 신앙입니다. 이 피정 기간 동안 우리가 말하고 체험할 모든 것은 이 기초에서 나올 것입니다. 이 기초는, 다시 더 넓은 기초 곧 창조주이시고 주님이시며 인간의 친구이신 하느님의 신비의 한 부분입니다. 이러한 기초적 진리에서 다른 모든 것이 나옵니다.

하느님, 삼위일체, 사랑, 예수님 안에서 계시된 지극히 완전하고 자비로운 존재에서 비롯되는 이 기초는 우리가 신비를 받아들이고 그분께서 우리에게 바라시는 것을 찾는 가운데 이루어지는 순종을 통하여 우리 안에서 드러납니다. 이것이 피정의 요점입니다. 모든 것은 하느님에 대한 앎에서 비롯됩니다. 하느님께서는 창조주이시고, 주님이시고, 구원자이시고, 예수님 안에서 우리에게 다가오시며 충만한 생명 안에서 당신과 함께 있게 하고자 하십니다. 기도와 매일의 조배 안에서 우리는 예수님께 나아갑니다. 그리고 그분께 우리를 길러 주시고 지탱해 주시고 기준점이 되어 주시고 또한 의지할 곳이 되어 주시기를 청할 것입니다.

이러한 기초는 시간과 공간 안에서는 지금 우리가 미사를 드리고 있는 것과 같은 주교좌성당들에 의하여 표현됩니다. 이 성당들은 그 기초가 선포되고 눈에 보이게 드러나는 장소들입니다.

우리 각자는 자신의 주교좌성당을, 자신의 교구를 생각할 수 있고, 예수 그리스도께서 현존하시는 교회를 생각할 수 있습니다. 오직 이러한 배경에서만 우리의 진리를, 우리의 충만함을 발견합니다. 그러므로 이 미사에서, 세상의 모든 교회들을 위하여 기도합시다. 그 교회들 안에서 하느님 사랑의 신비가 드러나도록 기도합시다. 저는 암브로시오 성인의 교회를 생각하면서, 그 교회가 오늘 밀라노 교회를 위하여 그리고 하느님의 교회 전체를 위하여 중요한 인물이었던 알프레도 일데폰소 슈스터Alfredo Ildefonso Schuster 대주교의 선종 50주년을 기념한다는 점을 상기하고 싶습니다.

우리의 모든 움직임과 행함이 헛된 것이 아니라 반석 위에 자리를 잡도록, 그리고 피정 기간 동안 하는 모든 것이 오직 우리가 교회라는 데에서 나오도록, 언제나 교황과 친교를 이루면서 지역 교회 안에 뿌리박고 머무를 수 있는 은총을 청합시다.

분명 우리는 피정 동안 우리 자신에 대해서, 수덕에 대해서, 우리에 대한 하느님의 뜻에 대해서 마음을 써야 하지만, 이것은 언제나 가시적인 교회의 범위 안에서 이루어져야 합니다. 이냐시오 데 로욜라 성인도 영신 수련에서 구체적인 선택들에 관하여 말할 때 언제나 "가시적 교회의 범위 안에서"라고 말합니다. 우리는 그 지평 안에서 우리의 진리를, 그리고 우리의 길이 하느님의 마음에 드는 것이라는 확신을 발견할 수 있습니다.

이제 이 길이 진리 안에서, 객관성 안에서, 그리고 교회와 교회가 선포하고 또한 우리를 돌보기 위하여 제시하는 것을 추종하는 가운데 인도되기를 기도합시다.

그리고 사심 없이 헌신적으로, 충실하게 이 교회에 봉사하고자 하는 갈망을 새롭게 합시다. 그렇게 함으로써만 그리스도를 발견하고, 하느님께서 이 피정 동안 맺고자 하시는 그 친밀한 관계로 들어갈 수 있습니다.

묵상 1
복음서 안에서 살펴본 주님의 기도

여러분에게 제시하는 첫 번째 묵상은 좀 짧을 것입니다. 도입이라고 할 수 있겠고, 앞서 말한 것은 달라지지 않지만 이 부분은 어느 정도 주석적이고 형식적이기도 할 것입니다. 저는 이 묵상을 세 부분으로 구분하려고 합니다.

첫째 부분은 독서lectio입니다. 여기서는 주님의 기도에 관련된 루카 복음서 11장과 마태오 복음서 6장의 구절에 머물 것입니다. 이어지는 둘째 부분은 묵상meditatio인데, 여기서는 주님의 기도의 내용에 관하여, 그리고 어떤 기회에 이 기도를 가르쳐 주셨는지에 관하여 몇 가지 종합적인 고찰을 제시할 것입니다. 마지막으로 관상contemplatio에서는 이 복음서 단락들이 우리의 피정을 위하여 어떤 태도들을 제시하는지에 초점을 맞출 것입니다.

우리는 주님의 기도가 두 복음서에 전해진다는 것을 알고 있습니다. 당연히 세 복음서에 있어야 할 것이라고, 마르코 복음서에도 주님의 기도가 있어야 한다고 생각하여 당황스러울 수도 있습니다. 주석 학자들은, 마르코 복음서에 주님의 기도가 없는 것이 저자가 그 기도를 몰랐기 때문인지 아니면 그가 예수님의 모든 말씀을 전달하려고 한 것이 아니기 때문인지를 논의합니다.

루카 복음서

먼저 루카 복음서 11장을 읽겠습니다. 주님의 기도를 가르쳐 주시는 문맥은, 루카 복음서 9장 51절에서부터 예수님께서 예루살렘으로 올라가시는 여정 중에 자리합니다. 그분의 생애가 상당히 진행된 상황입니다. 예루살렘에는 주님의 기도 성당에 전해지는 전승이 있는데, 이에 따르면 주님의 기도는 그곳 성당에서, 올리브 동산에서, 예수님의 삶이 끝나갈 무렵에 가르쳐 주신 것이라고 합니다. 어쨌든 루카 복음서에서는 주님의 기도를 가르쳐 주신 것이 늦은 시기의 일로 되어 있습니다.

- "예수님께서 어떤 곳에서 기도하고 계셨다."(루카 11,1) 이것은 예수님의 삶에서 여러 차례 있었던 일입니다. 예를 들어 열두 사도를 뽑

으시기 전날 밤(루카 6,12 참조), 빵을 많게 하신 다음 날 밤, 호숫가에서 ("따로 기도하시려고 산에 오르셨다.", 마태 14,23), 카파르나움에서 공생활을 시작하시던 아침에 일찍 일어나 외떨어진 곳에 기도하러 가셨을 때("다음 날 새벽 아직 캄캄할 때, 예수님께서는 일어나 외딴곳으로 나가시어 그곳에서 기도하셨다.", 마르 1,35) 겟세마니에서, 타보르 산에서, 그리고 또 다른 상황들에서 그렇게 하셨습니다.

- "그분께서 기도를 마치시자"라는 것은 이런 상황들에서 전형적인 특징입니다. 예수님께서 기도에 전념하여 계신 것을 본 이들은, 아무도 그분을 방해하지 않으려 했습니다. "제자들 가운데 어떤 사람이, '주님, …… 저희에게도 기도하는 것을 가르쳐 주십시오.' 하고 말하였다." (루카 11,1) 제자들 전체가 이러한 요청을 한 것도 아니고, 베드로나 야고보나 요한처럼 특정한 한 제자가 했다고 말하지도 않고, 제자들 가운데 한 사람이라고 되어 있는 점이 눈길을 끕니다. 그는 다른 이들이 감히 드러내지 못했던, 그들 모두의 공통된 갈망을 표현합니다.

- 그리고 계속 이어집니다. "요한이 자기 제자들에게 가르쳐 준 것처럼"(루카 11,1), 우리는 요한 세례자가 제자들에게 가르쳐 준 기도를 전혀 알지 못하지만, 아마도 그는 쿰란 공동체에서 하던 것처럼 이에 대해서 어떤 지침을 알려 주었을 것입니다. 어쨌든 여기에서는, 요한 세례자가 기도하는 법을 가르쳐 주었다는 것이 전제됩니다.

제자가 정말로 청했던 것이 무엇인지를 이해하기는 쉽지 않습니다. 우리는 그 제자에게 물어볼 수 있을 것입니다. "무엇을 원했었는지 설명해 주십시오. 예수님께서, 어떤 내용으로 기도해야 하는지 알려 주시기를 바랐던 것입니까?" 예수님의 대답을 보면 그렇게 생각할 수도 있습니다. 하지만 좀 이상하게 보이는 면도 있습니다. 히브리인들은 기도의 내용에 대해서는 이미 많이 알고 있었기 때문입니다. 시편의 그 넘치는 풍요로움만 생각해도 충분히 알 수 있습니다. 그렇다면 그 질문은 기도의 방법에 대한 것이었을까요? 예수님께서는 기도 방법에 대해서 마태오 복음서 6장 6절에서, "너는 기도할 때 골방에 들어가 문을 닫은 다음, 숨어 계신 네 아버지께 기도하여라."라고 말씀하셨습니다. 그렇다면 그 질문은 외적 태도에 대한 것이었을까요? 무릎을 꿇고, 눈을 감고, 외진 곳에서 기도해야 하는지 묻는 것이었을까요? 아니면 내적인 태도에 대한 것이었을까요? 루카는 기도에 항구할 것을 권고하고(루카 11,5-8), "청하여라, 너희에게 주실 것이다. 찾아라, 너희가 얻을 것이다."(루카 11,9)라고 단언합니다.

이 세 가지 가설 가운데 어떤 것이 제자의 요청에 대한 해석일까요? 아마도 세 가지 모두일 것입니다. 예수님께서는 그 질문을 내용에 대한 것으로 받아들이십니다.

- "예수님께서 그들에게 이르셨다. '너희는 기도할 때 이렇게 하여라. '아버지, 아버지의 이름을 거룩히 드러내시며 / 아버지의 나라가 오게 하소서. / 날마다 저희에게 일용할 양식을 주시고 / 저희에게

잘못한 모든 이를 저희도 용서하오니 / 저희의 죄를 용서하시고 / 저희를 유혹에 빠지지 않게 하소서.'"(루카 11,2-4)

그다음에 이어서 기도하는 내적 자세에 대한 가르침이 나옵니다. 기도 자체는 아주 짧아서 세 절 안에 간략하게 표현된 다섯 가지 청원으로 되어 있는 데에 비하여, 내적 태도에 대한 설명은 긴 편입니다.

이에 관한 예수님의 말씀들을 이해하도록 해 봅시다.

- 먼저, 구체적인 예로 시작하십니다. "예수님께서 다시 그들에게 이르셨다. '너희 가운데 누가 벗이 있는데, 한밤중에 그 벗을 찾아가 이렇게 말하였다고 하자. ′여보게, 빵 세 개만 꾸어 주게. 내 벗이 길을 가다가 나에게 들렀는데 내놓을 것이 없네.′ 그러면 그 사람이 안에서, ′나를 괴롭히지 말게. 벌써 문을 닫아걸고 아이들과 함께 잠자리에 들었네. 그러니 지금 일어나서 건네줄 수가 없네.′ 하고 대답할 것이다. 내가 너희에게 말한다. 그 사람이 벗이라는 이유 때문에 일어나서 빵을 주지는 않는다 하더라도, 그가 줄곧 졸라 대면 마침내 일어나서 그에게 필요한 만큼 다 줄 것이다.'"(루카 11,5-8) 이 예는 주님의 기도보다도 더 깁니다.

그다음에 예수님께서는 직접 세 가지를 권고하십니다. "내가 너희에게 말한다. 청하여라, 너희에게 주실 것이다. 찾아라, 너희가 얻을 것이다. 문을 두드려라, 너희에게 열릴 것이다. 누구든지 청하는 이는 받고, 찾는 이는 얻고, 문을 두드리는 이에게는 열릴 것이다."
(루카 11,9-10)

그리고 또 매우 간결한 예를 드십니다. "너희 가운데 어느 아버지가 아들이 생선을 청하는데, 생선 대신에 뱀을 주겠느냐? 달걀을 청하는데 전갈을 주겠느냐?"(루카 11,11-12)

마지막으로 결론이 뒤따릅니다. "너희가 악해도 자녀들에게는 좋은 것을 줄 줄 알거든, 하늘에 계신 아버지께서야 당신께 청하는 이들에게 성령을 얼마나 더 잘 주시겠느냐?"(루카 11,13) 주님의 기도의 청원들 가운데 어떤 것을 다시 말씀하시지 않고 성령에 대해 말씀하신다는 점이 특별합니다. 아마도 그러한 이유 때문에, 아주 오래전의 사본들에서는 일용할 양식을 주시기를 청한 다음에 "당신 성령께서 우리에게 오시어 저희를 깨끗하게 해 주시며"라는 청원이 첨가되어 있는 경우도 있습니다.

예수님께서는 구체적인 맥락에서, 기도를 마치신 뒤 요청에 응답하시어 당신의 기도를 출발점으로 삼아 처음에는 그 내용을 말씀하시고, 이어서 지칠 줄 모르고 항구하게 기도하는 태도를 길게 설명하십니다. 항구한 기도에 대해서는 루카 복음서의 다른 단락들에서도 언급될 것입니다. 예를 들어 불의한 재판관과 끈질긴 과부의 비유에서는 이렇게 말씀하십니다. "예수님께서는 낙심하지 말고 끊임없이 기도해야 한다는 뜻으로 제자들에게 비유를 말씀하셨다. '어떤 고을에 하느님도 두려워하지 않고 사람도 대수롭지 않게 여기는 한 재판관이 있었다. 또 그 고을에는 과부가 한 사람 있었는데 그는 줄곧 그 재판관에게 가서, '저와 저의 적대자 사이에 올바른 판결을 내려 주십시오.' 하고 졸랐다. 재판관은 한동안 들어주려고 하지 않다가 마침내 속으로 말하였다. '나는 하느님도 두려워하지 않고 사람도 대수롭지 않게 여기지만, 저 과부가 나를 이토록 귀찮게 하니 그에게는 올바른 판결을 내려 주어야겠다. 그렇게 하지 않으면 끝까지 찾아와서 나를 괴롭힐 것이다." 주님께서 다시 이르셨다. '이 불의한 재판관이 하는 말을 새겨들어라. 하느님께서 당신께 선택된 이들이 밤낮으로 부르짖는데 그들에게 올바른 판결을 내려 주지 않으신 채, 그들을 두고 미적거리시겠느냐? 내가 너희에게 말한다. 하느님께서는 그들에게 지체 없이 올바른 판결을 내려 주실 것이다. 그러나 사람의 아들이 올 때에 이 세상에서 믿음을 찾아볼 수 있겠느냐?'"(루카 18,1-8)
이것이 예수님께서 강조하시는 자세입니다.

마태오 복음서

마태오 복음서 안에서 주님의 기도는 5장부터 7장까지를 포함하는 산상 설교 안에 자리하고 있습니다.

5장의 대립 명제들 다음에, 예수님께서는 6장에서 예배와 종교의 세 가지 행위인 자선, 기도, 단식을 말씀하십니다. 그 각각에 대하여, 사람들에게 보이기 위하여 해서는 안 된다는 점을 강조하십니다. 이러한 맥락에서 두 번째 요소인 기도와 관련하여 주님의 기도가 삽입됩니다.

― 이 경우에도 그 묘사는 상당히 깁니다. 먼저 예수님께서는 당신 백성의 종교적 위선자들의 기도를 비판하십니다. "너희는 기도할 때에 위선자들처럼 해서는 안 된다. 그들은 사람들에게 드러내 보이려고 회당과 한길 모퉁이에 서서 기도하기를 좋아한다." 그리고 부정적인 판단이 이어집니다. "내가 진실로 너희에게 말한다. 그들은 자기들이 받을 상을 이미 받았다."(마태 6,5) 그들이 행한 것은 아무 소용이 없다는 뜻입니다.

그다음에는 긍정적인 태도를 강조하십니다. "너는 기도할 때 골방에 들어가 문을 닫은 다음, 숨어 계신 네 아버지께 기도하여라. 그러면 숨은 일도 보시는 네 아버지께서 너에게 갚아 주실 것이다."(마태 6,6) 먼저 외적인 태도에 대해 가르치신 다음, 이어서 기도의 내적 태도에 대해 말씀하십니다. 침묵 가운데, 조용히, 숨어서 기도하라는 말씀입니다.

― 그다음에 다시 이방인들을 언급하시며 권고하십니다. "너희는 기도할 때에 다른 민족 사람들처럼 빈말을 되풀이하지 마라. 그들은 말을 많이 해야 들어 주시는 줄로 생각한다."(마태 6,7) 아마도 예수님께

서는 성전들에서 무한히 되뇌었던 단조로운 기도들을 지칭하고 계시는 것으로 보입니다. 그림이나 영화에서, 또는 동양의 사원이나 신전 같은 곳에서 끝없이 되풀이하여 하느님을 부르기 위하여 멈추지 않고 기도문 두루마리를 돌리는 모습이 생각납니다.

"그러니 그들을 닮지 마라. 너희 아버지께서는 너희가 청하기도 전에 무엇이 필요한지 알고 계신다."(마태 6,8) 그래서, 우리에게 필요한 것이 무엇인지 하느님께 알려 드리려고 하는 기도를 비판하십니다. 여기에서는 루카 복음서에서 끊임없이 기도해야 한다고 말씀하시는 단락과 어떤 긴장이 있음을 볼 수 있습니다. 예수님께서는 그렇게 꾸준히 기도하는 것이 주술적인 힘을 갖는다고 생각하지 말라고 경고하십니다.

- 이러한 맥락에서 예수님께서는 주님의 기도를 가르치십니다. "그러므로 너희는 이렇게 기도하여라. '하늘에 계신 저희 아버지 / 아버지의 이름을 거룩히 드러내시며 / 아버지의 나라가 오게 하시며 / 아버지의 뜻이 하늘에서와 같이 / 땅에서도 이루어지게 하소서. / 오늘 저희에게 일용할 양식을 주시고 / 저희에게 잘못한 이를 저희도 용서하였듯이 / 저희 잘못을 용서하시고 / 저희를 유혹에 빠지지 않게 하시고 / 저희를 악에서 구하소서.'"(마태 6,9-13) 루카 복음서의 기도는 두 가지 청원과 다른 세 가지 청원이 합쳐져 있었는데, 마태오 복음서에서는 그보다 더 길어서 세 가지 청원에 다른 세 가지 청원

이 합쳐져 있습니다. 어떤 이들은 그 마지막 청원을 둘로 나누어서 세 가지 청원과 다른 네 가지 청원, 모두 일곱 가지 청원이 들어 있다고 보기도 합니다.

이어서 예수님께서는 그 끝에서 두 번째 청원에 대해 다시 말씀하십니다. "너희가 다른 사람들의 허물을 용서하면, 하늘의 너희 아버지께서도 너희를 용서하실 것이다. 그러나 너희가 다른 사람들을 용서하지 않으면, 아버지께서도 너희의 허물을 용서하지 않으실 것이다."(마태 6,14-15)

어떤 것이 더 오래된 형태인가

묵상meditatio으로 넘어가면서, 몇 가지 질문을 할 수 있습니다. 이 두 가지 문맥 가운데 어느 것이 더 본래의 맥락에 가까울까요? 둘 중에 어떤 것이 더 오래된 형태일까요?

– 주석 학자들은 루카 복음서의 문맥이 더 오래된 것이라고 보는데, 저도 그것이 합당하다고 생각합니다. 여기에서 주님의 기도는 공생활을 시작하시던 때 그 기획에 들어 있는 것이 아니라, 그 활동이 이미 어느 정도 진행된 시점에 자리하고 있습니다. 구체적인 어떤 기회를, 곧 예수님께서 기도하시던 때를 배경으로 하는 것입니다. 이와 달리 마태오 복음서에서는 그 가르침이 하나의 설교 안에 삽입

된 것으로 보입니다. "빈말을 되풀이하지 마라. …… 이렇게 기도하여라."(마태 6,7-9 참조)

그러므로 루카 복음서의 문맥이 개연성이 더 크다고 봅니다. 하지만 이 문제가 주석에 큰 장애가 되는 것은 아닙니다.

이 기도문의 연대에 대해서도 논의의 여지가 있습니다. 짧은 기도문과 긴 기도문 가운데 어떤 것이 더 오래되었을까요?

오늘날에는 일종의 타협 같은 해석을 합니다. 루카 복음서의 짧은 기도문이 더 오래된 것이지만, 마태오 복음서의 형식이 더 본래의 것이라는 것입니다. 달리 말한다면, 마태오 복음서는 더 옛 단어들을 사용하지만 내용은 루카 복음서의 것이 더 오래되었습니다.

우리는 두 형태를 모두 사용할 것입니다. 하지만 이러한 복잡한 연구 결과를 소개하는 것은 유익하리라고 생각합니다.

- 또한 주석 학자들은, 루카 복음서의 기도문이 연속된 세 단락 가운데 세 번째 부분이라는 점을 지적합니다. 사랑에 관해 말하는 착한 사마리아 사람의 비유(루카 10,29-37), 말씀을 듣는 것에 대해 말하는 마르타와 마리아와의 대화(루카 10,38-42), 그리고 이어서 주님의 기도가 나옵니다(루카 11,1-4). 이는 마치 사랑, 말씀을 들음, 그리고 기도가 필수적인 것임을 부각하는 듯합니다.

- 마태오 복음서의 주님의 기도에는 또 한 가지 특별한 점이 있습니다. 자세히 분석해 보면, 주님의 기도가 정확히 산상 설교의 중

심에 있다는 점입니다.

이것은 우리를 위한 가르침입니다. 여기에서, 기도하는 사람이 아니고서는 산상 설교를 살 수 없다는 가르침을 배우게 되기 때문입니다.

기도를 가르쳐 주십시오

끝맺음으로, 개인 기도를 위한 몇 가지 안내를 제시하고자 합니다. 우리 모두는, 이름이 언급되지 않은 그 제자와 마찬가지로 "저희에게도 기도하는 것을 가르쳐 주십시오."라고 여러 차례 말했을 것입니다. 그때 우리가 청했던 것은 무엇이었습니까?

- 많은 사람들은 이러한 요청을 할 때 무엇보다도 내적인 일치를, 침잠을, 깊은 기도의 특징인 자제를 찾는 듯합니다. 이런 것들은 긍정적이고 유익하기는 하지만 아직 심리적인 기도의 차원에 머무는 것으로서, 머리를 어지럽히는 잡념이 없는 평온함, 고요함, 집중, 평화로움, 조화와 같은 어떤 유익을 얻고자 하는 것입니다. 실상 요가나 선을 연습하는 사람들은 이와 유사한 것들을 배웁니다. 모든 것을 잊어버리고 침잠하는 것, 외적인 세계에서 벗어나는 것, 한 가지에 집중하는 것 또는 무에 집중하는 것, 더 절대적인 평온함 안에 살기 위해 모든 생각을 제거하는 것이 그러한 예들입니다.

우리도 기도를 잘하기 위해서 그런 태도들이 필요할 수도 있을 것입니다. 최소한의 집중과 마음을 모으는 것은 필요합니다. 기도는 심리적으로 건강할 수 있도록 이끌어 주기 때문입니다.

- 하지만 우리는 예수님께, 성령 안에서 기도하는 법을 가르쳐 주시기를 청하고자 합니다. 특히 우리에게 내적인 태도를 가르쳐 주시고, 어떤 청을 드려야 하는지 알려 주시기를 청하고자 합니다.

저는 종종 기도를 시작할 때에 로마 신자들에게 보낸 서간에서, 우리가 무엇을 청해야 하는지 모른다고 바오로 사도가 말하는 단락을 펼쳐 놓습니다(로마 8,26ㄱ 참조). 그리고 이렇게 기도합니다. 주님, 보십시오. 저는 올바른 방식으로 기도할 줄 모릅니다. 하지만 주님은 저의 약함을 도우시는 성령을 약속하셨고, 성령께서는 저를 위하여 "몸소 말로 다 할 수 없이 탄식하시며 우리를 대신하여 간구해 주십니다. 마음속까지 살펴보시는 분께서는 이러한 성령의 생각이 무엇인지 아십니다. 성령께서 하느님의 뜻에 따라 성도들을 위하여 간구하시기 때문입니다."(로마 8,26-27)

기도하는 법을 배운다는 것은 제가 삶의 많은 순간에 자주 묵상했던 지극히 아름다운 영혼의 상태에 이르는 것을 의미합니다. 곧 주님의 기도를 바치게 하시는 성령께 우리 자신을 내맡겨, "어떻게 말할까, 무엇을 말할까 걱정하지 마라. 너희가 무엇을 말해야 할지, 그때에 너희에게 일러 주실 것이다. 사실 말하는 이는 너희가 아니라 너희 안에서 말씀하시는 아버지의 영이시다."(마태 10,19-20)라는 상태에 이르기를 배우는 것을 뜻합니다.

– 성령께 내맡기는 이러한 기본적인 자세 외에도 피정의 여정을 위하여 예수님께서 강조하신 몇 가지 자세를 제시하고자 합니다.

우리는 예수님께서 네 가지 태도, 즉 숨음과 단순한 말들, 항구함과 자녀다운 신뢰를 강조하셨음을 보았습니다.

우리는 하느님 앞에서 기도할 때, 이 네 가지 태도 중 자신에게 어느 것이 필요한지를 선택할 수 있을 것입니다.

자녀다운 신뢰는 분명 필요합니다. 아버지께서는, 내가 일용할 양식을 청할 때 결코 나에게 그것이 부족하게 내버려 두지 않으실 것입니다.

항구함도 마찬가지로 필요합니다. 피정 동안에 우리는 피곤함, 더위, 졸음, 예민함, 메마름을 겪을 것입니다. 주님, 저희에게 항구함을 주십시오!

물론 숨음도 필요합니다. 피정은 탁월한 의미에서 숨어서 하는 기도이고, 세상은 알지 못하고 오직 하느님만 아시는 기도이기 때문입니다.

어느 정도의 단순함도 필요합니다. 이는 기도를 적게 하는 것이 아니라, 하느님을 강요하려 하지 않고 사랑으로 하느님께 자신을 내맡기는 평온한 기도를 배우는 것입니다.

묵상 2

하늘에 계신 우리 아버지

앞서 언급했던 레드뤼스 신부님의 책은 이렇게 시작됩니다.

"주님의 기도는 복음의 모든 가르침의 수렴점입니다. 그 모든 청원에는 수많은 고찰할 점들이 있습니다. 그 하나하나에 수많은 신약과 구약의 본문들을 연결할 수 있고, 복음의 메시지 전체를 구성하는 핵심적 차원들을 거기에서 찾아볼 수 있습니다. …… 그러므로 주님의 기도는 주님께서 친히 요약하신 영성 생활 전체의 핵심입니다. 그것을 아무리 깊이 묵상해도 충분치 않을 것입니다."《복음적 기도인 주님의 기도 Il padre nostro preghiera evangelica》, 8쪽)

저는 예수님께서 가르쳐 주신 기도의 몇 가지 의미만을 말하기에도 너무나 부족하다고 느낍니다. 그래서 여러분과 함께 이렇게 기도

합니다.

우리의 아버지이신 하느님, 저희가 당신을 아는 것은 오직 당신 아드님 예수님께서 저희에게 아버지라는 당신의 이름을 알려 주셨기 때문입니다. 저희는 그 깊은 의미를 설명하지 못하지만, 당신께서는 저희에게 날마다 그 체험을 사는 은총을 베푸십니다. 당신께서 원하신다면, 마음만이 아니라 정신으로도 그렇게 살게 하시어 당신 아드님 예수 그리스도의 생각과 마음 안으로 들어가도록 허락해 주십시오. 성자께서는 성부와 성령과 함께 영원히 살아 계시며 다스리시나이다.

영신 수련의 정신에 따라

우리는 주님의 기도의 신비를 앞에 두고 있습니다. 물론 앞서 말했던 것처럼, 그것을 주석적으로 설명하는 것은 아닙니다. 그보다는 이냐시오 데 로욜라 성인의 영신 수련의 정신에 따라, 그 고유한 역동을 염두에 두고 몇 가지 측면에 초점을 맞추려고 합니다.

영신 수련은 네 주간에 걸쳐 단계적으로 진행되는 역동이고, 그 안에는 예수님을 따른다는 것이 무엇을 의미하는지 깨닫도록 도와주는 몇몇 중요한 순간들이 있어 복음에 따른 선택을 실행할 수 있게 해 줍니다.

그러한 정신에 따라 주님의 기도를 묵상하며, 개별 단어들과 청원들의 의미를 찾고 또한 하느님의 뜻을 찾는 여정이라는 틀 안에서 그 기도를 고찰하고자 합니다.

전에 말한 바와 같이 피정은 성령의 직무이고, 주님께서 우리 한 사람 한 사람에게 요청하시고 제시하시고 명하시는 것을 파악하게 해 주는 것입니다. 이냐시오 데 로욜라 성인의 책은 "원리와 기초"라는 단락으로 시작됩니다. 그것은 하느님의 뜻을 찾아 나가기 위한 좌표를 설정하려는 것입니다. 이냐시오 데 로욜라 성인에게 "원리와 기초"는 모든 것에 대한 창조주 하느님의 절대적 주권입니다. 인간은 그 하느님을 찬양하고 섬겨야 합니다. 모든 사람은 자신을 창조주이며 주님이신 하느님을 섬기는 데 더 부합하도록 자신을 이끌 선택을 하라고 부름을 받습니다. 이것이 영신 수련의 "원리와 기초"의 요약입니다.

주님의 기도에도 "원리와 기초"가 있는지를 묻는다면, 대답은 분명 그렇다입니다. 이 기도의 첫 부분 전체가, 후반부의 네 청원으로 표현된 그리스도교적인 일상생활의 원리와 기초가 됩니다. 하지만 오늘은 특별히 "하늘에 계신 우리 아버지"라는 호칭을 "원리와 기초"의 정신에 따라 묵상하고자 합니다. 내일은 "아버지의 이름이 거룩히 빛나시며"라는 말에 머물고, 그럼으로써 피정의 여정에 기초를 마련할 것입니다.

예수님께서 아버지라 부르시는 분

주님의 기도는 "아버지"라는 말로 시작됩니다. 이것은 흔하지 않습니다. 이렇게 시작하는 시편은 하나도 없고, 성경의 몇몇 기도들에서 때로 하느님을 아버지라고 부르기는 하지만, 이렇게 건조하게 시작되는 기도는 오직 주님의 기도뿐입니다. 마태오는 루카에 비해 더 장엄하고 수사학적으로 이를 확장하여 "하늘에 계신 저희 아버지"라고 말합니다.

우리는 "아버지"라는 호칭이 무엇을 뜻하는지, 그리고 그분을 "우리 아버지"라고 부르는 것은 무엇을 의미하는지, "하늘에 계신 우리 아버지"라고 말할 때에는 어떤 의미가 더해지는지를 찾아볼 것입니다.

우리의 질문들에 대답하기 위하여 먼저 독서lectio를 할 것이고, 이어서 이것이 어떤 감정들과 기도의 방향들을 제시하는지 이해하기 위한 묵상meditatio을 제시할 것입니다.

"아버지"라는 단어

- 이 단어는 그 자체로서는 명확한 것이 아니며, 수많은 의미를 지닐 수 있고 많은 감정들을 불러일으킬 수 있습니다. 각자 자신의 친아버지와의 관계가 좋을 수도 있고, 미지근할 수도 있고, 소원할 수도 있기 때문입니다. 이 호칭은 우리의 내면생활과 우리의 영에서

많은 측면을 건드립니다.

일반적으로 아버지라는 말은 많은 의미들을 지닙니다. 무엇보다 먼저 아버지는 생물학적 생명을 주는 사람이고, 어머니와 함께 그 생명을 시작하게 하는 사람입니다.

아버지는 우리를 강한 방식으로 가르치기도 합니다. 성경은 아버지가 벌주는 사람이기도 하다는 것을 주저 없이 기억합니다. 히브리인들에게 보낸 서간에서는, 우리가 이 세상에서 아버지의 견책을 받아들인다면 하느님 아버지께서 우리를 견책하시고 시험하실 때에도 놀라지 말아야 한다고 말합니다. 힘있게 교육하는 역할도 아버지의 전형적인 특징이기 때문입니다(히브 12,7-11 참조).

또한 아버지는 길러 주는 사람으로서 자녀들을 부양하고, 그들을 보호합니다. 아버지의 품에서 우리는 힘을 되찾습니다. 어린아이는 자신을 지켜 줄 사람을 찾아 아버지의 품에 달려들고, 아버지가 그를 끌어안을 때에 위험을 보지 않기 위하여 눈을 꼭 감습니다. 그래서 아버지는 보호와 위로의 상징이 됩니다.

아버지는 전통의 힘을 나타내기도 합니다. 우리가 아버지의 이름을 말할 때 우리는 곧 우리의 정체성을 구성하는 뿌리를 생각합니다.

예수님께서 우리 입에 담아 주시는 "아버지"라는 호칭에는 이 모든 의미가 들어 있습니다.

- 하지만 이것으로 충분하지 않습니다. 여기에 그친다면 누구라도

아버지라고 부를 수 있을 것이기 때문입니다. 누구나(예를 들어 히브리인들, 인격신을 인정하는 모든 이들) 주님의 기도를 바칠 수 있기는 하지만, 예수님께서 우리에게 가르쳐 주신 기도는 아주 정확한 근원을 가지고 있습니다. 이 중 특별히 의미 깊은 한 가지가 바로 '예수님의 세례'입니다.

그분께서는 요한 세례자에게서 세례를 받기 위하여 요르단 강으로 가십니다. 요한 세례자는 이를 막으려 합니다. 하지만 예수님은 계속 주장하시고, 요한 세례자는 동의합니다. "예수님께서는 세례를 받으시고 곧 물에서 올라오셨다. 그때 그분께 하늘이 열렸다. 그분께서는 하느님의 영이 비둘기처럼 당신 위로 내려오시는 것을 보셨다. 그리고 하늘에서 이렇게 말하는 소리가 들려왔다. '이는 내가 사랑하는 아들, 내 마음에 드는 아들이다.'"(마태 3,16-17) 그러므로 "아버지"라고 말하기 위해서는 누군가가 나를 "아들"이라고 부르는 것이 필요합니다. "아버지"는 첫 번째 단어가 아니라 두 번째 단어입니다.

첫 번째로 말씀하시는 것은 "아들, 내 소중한 아들, 지극히 사랑하는 내 아들"이라고 말하는 분이십니다. 그러므로 주님의 기도에서 아버지는 먼저 예수 그리스도의 아버지 하느님이십니다. 예수님께서 아버지라 부르시는 분, 예수님을 아들이라 부르시는 분이십니다. 그분은 산상 설교 전체에 뚜렷하게 현존하십니다. 산상 설교에서는 예수님께서 그 설교의 중심에 있는 주님의 기도 앞에서 아버지를 여덟 번 언급하시고, 주님의 기도 이후에도 여러 차례 아버지를 언급하십니다.

아버지는 예수 그리스도의 아버지이십니다. 예수님께서는 그 부성을 우리에게 전달하시며, 우리를 당신의 자녀 됨에 참여하게 하십니다.

바오로 사도는 분명하게 이렇게 단언합니다.

"여러분은 사람을 다시 두려움에 빠뜨리는 종살이의 영을 받은 것이 아니라, 여러분을 자녀로 삼도록 해 주시는 영을 받았습니다. 이 성령의 힘으로 우리가 '아빠! 아버지!' 하고 외치는 것입니다."(로마 8,15)

예수님께서는 우리에게 당신 성령을 주시고, 우리는 그분의 성령 안에서 "아버지", 예수님의 아버지, 나의 아버지라고 말할 수 있게 됩니다. "이 성령께서 몸소, 우리가 하느님의 자녀임을 우리의 영에게 증언해 주십니다. 자녀이면 상속자이기도 합니다. 우리는 하느님의 상속자입니다. 그리스도와 더불어 공동 상속자인 것입니다. 다만 그리스도와 함께 영광을 누리려면 그분과 함께 고난을 받아야 합니다."(로마 8,16-17)

성부께서 성자를 낳으시는 것이 영원하고 시간과 무관하다는 것, 하느님 아버지께서 지금도 당신 아드님을 낳으신다는 것을 생각한다면, 지금 이 순간에 우리가 자녀들로서 낳음을 받는다는 것을 이해하게 됩니다.

아버지의 자녀들이라는 것이 우리의 신원입니다. 이것이 우리의 가장 깊은 존재를 규정합니다. 그 시작은 세례 때에 이루어지지만, 그것은 삶의 모든 순간에 지속됩니다. 아버지는 우리에게 "소중한 아들, 지극히 사랑하는 아들"이라고 말씀하시고 우리는 "아버지"라고 응답합니다.

이것이 아버지라는 단어의 첫 번째 의미이고, 다른 모든 의미는 여기에서 나옵니다. 양육자인 아버지, 교육자인 아버지, 피난처인 아버지, 의지할 아버지, 위로를 주는 아버지, 예수님 안에서 우리를 낳으셨기에 우리를 벌하고 정화하기도 하는 아버지.

그래서 우리는 "아버지, 나의 아버지"를 핵심 내용으로 하는 예수님의 기도에 온전히 참여함을 느낍니다. 우리는 갈릴래아를 방문하고 그분께서 기도하신 산들을 보면서, 우리의 기도가 그분의 기도와 온전히 하나임을 느낍니다(저는 6월에 타보르산에서 주님의 기도로 개인 피정을 했고, 거기에서 오랫동안 아버지를 관상하며 기도하신 예수님과 하나됨을 느꼈습니다).

극적인 순간에도 우리의 기도는 예수님의 기도와 하나가 됩니다. "아버지, 하실 수만 있으시면 이 잔이 저를 비켜 가게 해 주십시오."(마태 26,39) "다시 두 번째로 가서 기도하셨다. '아버지, 이 잔이 비켜 갈 수 없는 것이라서 제가 마셔야 한다면, 아버지의 뜻이 이루어지게 하십시오.'"(마태 26,42) "예수님께서는 그들을 그대로 두시고 다시 가시어 세 번째 같은 말씀으로 기도하셨다."(마태 26,44)

우리에게 "아버지"라고 말하기를 가르쳐 주시면서 예수님께서는 아버지의 뜻을 행하고자 하시는 당신의 결단에 우리를 동참하게 하십니다.

그리고 루카가 수난의 마지막에 묘사한 그 자세 안에도 우리를 받아들이십니다. "아버지, 저들을 용서해 주십시오. 저들은 자기들이 무슨 일을 하는지 모릅니다."(루카 23,34) 그래서 우리는, 예수님의 아들로서의 태도에 참여하는 그만큼 다른 사람을 용서할 수 있게 됩니다.

특히 루카 복음서의 수난기에 나타난 그분의 마지막 말씀에도 우리를 동참하게 하십니다. "예수님께서 큰 소리로 외치셨다. '아버지, 제 영을 아버지 손에 맡깁니다.'"(루카 23,46) 이것은 우리가 우리 입으로 "아버지"라고 말할 때에 따르게 되는 길입니다. 사랑, 신뢰, 순종, 용서, 생명을 내어줌의 길입니다. 우리는 "아버지, 제 영을 아버지 손에 맡깁니다."라는 말을 함으로써 우리의 삶과 죽음을 걸게 됩니다.

앞에서 말했던 것처럼, 세례 때에 우리는 하느님의 자녀가 됩니다. 하느님께서 아버지가 되신다는 것입니다. 그리고 그 순간의 일인 동시에 영원한 것이며, 우리는 기도를 시작할 때마다 그것을 다시 되살리게 됩니다. 하느님께서 아버지시라는 것은 우리가 중요한 결정들을 하는 순간에 특별한 힘을 지니게 됩니다. 토마스 아퀴나스 성인이 말하듯이, 주님께서는 그 순간에 성령을 더해 주시어 그분께서 아버지시라는 새로운 증거를 주십니다. 우리의 삶 안에서 우리는 이러한 상황들을 자주 접하게 됩니다. 예를 들어 새로 본당 신부의 책임을 맡게 될 때, 주교가 되거나 공동체의 장상이 될 때, 또는 우리가 아무도 모르게 용서, 자비, 믿음, 희망의 행위를 할 때 그러합니다. 이때 하느님께서 아버지이심이 지극히 강한 형태로 드러나게 됩니다.

묵상을 마치면서, 예수님과 우리가 하느님의 자녀라는 신비를 깊이 이해했던 베드로 사도와 바오로 사도의 아름다운 말들을 되풀이해 봅니다. "우리 주 예수 그리스도의 아버지 하느님께서 찬미받으시기를 빕니다. 하느님께서는 당신의 크신 자비로 우리를 새로 태어나게 하시어, 죽은 이들 가운데에서 다시 살아나신 예수 그리스도의 부활로 우리에게 생생한 희망을 주셨습니다."(1베드 1,3) 바오로 사도는 코린토 신자들에게 보낸 둘째 서간 첫머리에서 이렇게 말합니다. "우리 주 예수 그리스도의 아버지 하느님께서는 찬미받으시기를 빕니다. 그분은 인자하신 아버지시며 모든 위로의 하느님이십니다."(2코린 1,3)

– 마태오는 "아버지"라는 호칭에 "저희"를 덧붙여, 이것이 함께 기도하는 공동의 기도라는 점을 강조합니다.

첫째로는 하느님의 자녀들인 세례받은 이들의 공동체에서 바치는 기도이고, 덧붙여 말한다면 카를 라너Karl Rahner가 "익명의 그리스도인"이라고 부르는 하느님의 모든 자녀들의 이름으로 바치는 기도입니다. 그들은 예수님을 알지 못하더라도 자신의 양심에 따르면서 사랑의 은총 안에서 참으로 하느님의 자녀이기 때문입니다. 그래서 우리는 세상에 흩어진 수많은 사람들과 함께 "아버지"를 부릅니다.

우리는 특히 우리 공동체와, 매일의 형제애를 사는 이들과 함께 아버지를 부릅니다. 또한 우리는 "우리" 아버지라고 말함으로써 하느님께서 우리가 어떤 책임을 맡고 있는 모든 이들의 아버지이심을 선언합니다.

저는 밀라노 대교구의 주교로 봉사하던 시기에, 하느님께서 제게 맡겨진 모든 사람 하나하나를 돌보고 계신다는 것을 확신할 수 있었기에 매우 큰 도움을 받았습니다. 그들이 저에게 기도를 청한 것을 제가 다 기억하지 못하더라도 그러했습니다. 오늘도 "우리 아버지"라고 말할 때마다 저는 그분께 제가 만났던 모든 사람들, 제 기도에 결합되어 있다고 느끼는 모든 이들, 아버지 앞에서 기억하는 모든 이들을 그분께 맡겨 드립니다.

그리고 마지막으로 그분은 피조물인 모든 인간의 아버지십니다. 그 모두가 하느님의 자녀가 되도록 부름 받고 있기 때문입니다. "우리 아버지"라고 기도하며, 다른 삶의 조건에 있는 불교도, 이슬람교도, 비신자들도 가까이 있음을 느낍니다. 이로써 우리의 기도는 모든 이들에게 확장되고 모든 이들을 포함하게 됩니다.

- 이제는 "하늘에 계신"이라는 구절을 묵상합시다. 이 표현은 많은 의미를 지닐 수 있습니다.

하늘과 땅이라는 관계는 복음서에서 생각보다 자주 언급됩니다. "너희가 무엇이든지 땅에서 매면 하늘에서도 매일 것이고, 너희가 무엇이든지 땅에서 풀면 하늘에서도 풀릴 것이다."(마태 18,18) "너희 가운데 두 사람이 이 땅에서 마음을 모아 무엇이든 청하면, 하늘에 계신 내 아버지께서 이루어 주실 것이다."(마태 18,19) "숨은 일도 보시는 하늘에 계신 너희 아버지께서 너희에게 갚아 주실 것이다."(마태 6,4.6,18 참조)

구약에서 비슷한 예를 찾는다면, 마카베오기 상권에서 "하늘이 바라시는 것은 무엇이든지 그대로 이루어질 것이다."(1마카 3,60)라는 말씀을 볼 수 있습니다.

그러니 "하늘에 계신"이라는 말은 단순히 덧붙여진 말이 아닙니다. 물론 그 말은 하늘에 계신 아버지를 지상의 아버지와 구별하는 역할을 하지만, 무엇보다도 이로써 우리는 초월의 세계에, 최종적인 세계에, 결코 사라지지 않는 것들의 세계에 계시는 아버지를 부르는 것입니다. 더 이상 모호함이 없고, 더 이상 불안함이 없고, 더 이상 죄가 없는 영원한 빛 안에 사시는 아버지를 부르는 것입니다.

또한 하늘은 하느님의 뜻이 충만하고 완전하게 이루어지는 곳이기도 합니다.

주님의 기도의 이러한 측면은 언제나 저에게 큰 평화를 누리게 해 주었습니다. 실제로 우리는 그렇게 분명한 상황 속에 살지 못합니다. 언제나 불분명하고 흐릿함 속에서, 때로는 타협을 하면서 살아갑니다. 우리는 어둡고 악에 물든 상황에 살고 있으며, 그 안에서는 우리가 정말 복음에 따라 행하고 있는 것인지 아닌지를 결코 분명히 알 수가 없습니다. 우리는 매일 모호함의 위험에 처해 있습니다. 하지만 "하늘에 계신 우리 아버지"라고 말할 때 모든 것이 분명하고, 빛나고, 맑은 곳이 있음을 고백합니다. 그곳에서는 모든 것이 정의롭고 참됩니다. 주변을 돌아보면 우리는 우리를 에워싸는 수많은 불의에 지치고 시달리고 때로는 억눌리고 있습니다. 한편으로는 또 우리가 원하든 원하지 않든 그 불의의 일부를 이루고 있기도 합니다. "하늘에 계신 우리 아버지"라고 선언함으로써 우리는 더 이상 불의가 없고, 눈물이 없고, 괴로움이 없고, 몰이해가 없고, 오해가 없고, 모든 것이 분명하고 아름답고 순수한 곳이 있다는 것을 확인합니다.

이렇게 주님의 기도의 첫 호칭은 우리의 마음을 길러 주고 지탱해 주고 위로해 줄 수 있습니다.

내 모든 것을 아시는 분

첫 번째 청원은 기도를 위하여 어떤 점들을 말해 줍니까?

몇 가지는 이미 지적했습니다. 이제 복음서들 특히 산상 설교와 연관하여 그것을 요약해 보겠습니다.

– 예를 들어, 이 청원은 내맡김과 신뢰를 말합니다. "너는 기도할

때 골방에 들어가 문을 닫은 다음, 숨어 계신 네 아버지께 기도하여라. 그러면 숨은 일도 보시는 네 아버지께서 너에게 갚아 주실 것이다."(마태 6,6)

아버지는 우리의 희생, 우리가 무상으로 내어준 것, 우리가 겪은 은밀한 모욕, 때로는 우리가 다른 이들을 위해서 해를 입으면서 지켜야 하는 침묵들을 하나도 놓치지 않으십니다. 그분은 그 모든 것을 갚아 주시는 아버지이시며, 우리는 전적인 신뢰로 그분께 우리 자신을 내맡깁니다. 베드로 사도의 가르침에 따르면, 그분은 우리를 돌보시는 아버지이십니다. "그러므로 하느님의 강한 손 아래에서 자신을 낮추십시오. 때가 되면 그분께서 여러분을 높이실 것입니다. 여러분의 모든 걱정을 그분께 내맡기십시오. 그분께서 여러분을 돌보고 계십니다."(1베드 5,6-7)

아버지는 우리가 기도하기 전에 우리의 필요를 아십니다.

얼마 전, 제가 30년 전에 종신 서원 준비의 여정을 인도했던 이십여 명의 수녀들을 다시 만났습니다. 우리는 지난 시간을 되돌아보고자 하는 마음에서 다시 모였습니다. 그들과 함께 지난 시간을 돌아보면서 저는 그 시간을 아주 단순하게 표현해 보았습니다. 그것은 지난 30년 동안 하느님 아버지께서 제가 예상하거나 요청하거나 요구할 수 있는 것보다 훨씬 더 많이 저를 돌보셨다는 것이었습니다. 그러니 그분은 계속 저를 돌보실 것입니다.

이것은 아무 걱정 없이 내맡기는 것입니다. "여러분의 모든 걱정을 그분께 내맡기십시오. 그분께서 여러분을 돌보고 계십니다."

– 다음으로는 우리가 사랑하는 모든 사람들, 우리를 짓누르는 모든 상황들을 맡기는 것입니다. 저는 중동과 예루살렘에서 살면서 매일 폭력과 억압의 상황들을 봅니다. 정말로 어떻게 이러한 상황에서 벗어날 수 있을지 보이지 않습니다. 이곳은 길이 막히고, 얽매이고, 혼란에 빠진 상황 속에 처해 있습니다.

그렇지만 "하늘에 계신 우리 아버지"라는 기도는 이렇게 말하게 합니다. 주님, 당신은 일어나는 이 모든 일들의 의미를 아십니다. 당신께서는 올바른 이를 인정해 주시고 정의를 찾는 이에게 정의를 이루어 주실 것입니다.

이제 진지하게, 우리에게 "아버지"라는 단어가 시사하는 것들을 어느 정도라도 살아 낼 수 있는 능력이 있는지 자문해 봅시다. 우리 안에서는 걱정이 지배하는지, 아니면 평화가 지배하는지 살펴봅시다. 분명 우리에게는 걱정할 이유들이 많이 있습니다. 하지만 우리 안에서 걱정이라는 감정이 지배적이라면 그것은 우리가 진심으로 "아버지"라고 말하지 않는다는 뜻입니다.

진심으로 "아버지"라고 말한다면, 우리 안에는 깊은 평화의 감정이 우위를 차지할 것입니다.

그러니 우리 안에 슬픔이 더 많은지, 기쁨이 더 많은지를 자문해 봅시다. 슬픔, 괴로움, 비관, 회의가 더 많다면, 교회와 사회의 상황에 대해 비관에 빠져 있다면, 그것은 우리가 하느님 아버지를 진심으로 신뢰하지 않는다는 뜻입니다. 그분께서 모든 것을 돌보시기 때문입니다. 그분은 모든 것을 알고 계시고 모든 것을 정돈하십니다. 그분께서는 모든 이들을 집으로 이끌 수 있는 분이십니다.

평화, 신뢰, 기쁨, 내맡김은 우리를 복음의 길로 걸어가게 하는 감정들입니다. 주님의 기도가 "복음의 요약"이라고 정의되는 것은 우연이 아닙니다.

묵상 노트

"이는 너희를 위하여 내어 주는 내 몸이다.
너희는 나를 기억하여 이를 행하여라."
(루가 22,19)

2장
성령께서 주신 말씀

강론

성령과 말씀

오늘의 전례 본문들은 우리의 피정에서 핵심적이라고 말했던 두 주제와 관련됩니다. 그 주제는 성령과 말씀입니다.

믿음

하느님께서는 성령을 통하여 그것들을 바로 우리에게 계시해 주셨습니다. 성령께서는 모든 것을, 그리고 하느님의 깊은 비밀까지도 통찰하십니다. 그 사람 속에 있는 영이 아니고서야, 어떤 사람이 그 사람의 생각을 알 수 있겠습니까?

마찬가지로, 하느님의 영이 아니고서는 아무도 하느님의 생각을 깨닫지 못합니다.

우리는 세상의 영이 아니라, 하느님에게서 오시는 영을 받았습니다. 그래서 하느님께서 우리에게 주신 선물을 알아보게 되었습니다.

우리는 이 선물에 관하여, 인간의 지혜가 가르쳐 준 것이 아니라 성령께서 가르쳐 주신 말로 이야기합니다. 영적인 것을 영적인 표현으로 설명하는 것입니다.

그러나 현세적 인간은 하느님의 영에게서 오는 것을 받아들이지 않습니다. 그러한 사람에게는 그것이 어리석음이기 때문입니다. 그것은 영적으로만 판단할 수 있기에 그러한 사람은 그것을 깨닫지 못합니다.

영적인 사람은 모든 것을 판단할 수 있지만, 그 자신은 아무에게도 판단받지 않습니다. "누가 주님의 마음을 알아 그분을 가르칠 수 있겠습니까?" 그러나 우리는 그리스도의 마음을 지니고 있습니다.(1코린 2,10-16)

무엇보다 먼저, 우리가 피정을 성령의 직무이고 직접성의 직무라고 정의했다는 점을 기억합시다. 바오로 사도가 말하듯이 성령께서는 오늘 우리에게 오시고 하느님의 깊은 비밀과 사람의 생각을 아십니다. 그분께서 형언할 수 없고 말로 표현할 수 없으며 인간적인 것을 초월하는 신비가 우리의 작은 역사와 직접 접촉하게 하십니다.

사도는 이어서 말합니다. "우리는 하느님에게서 오시는 영을 받았습니다. 그래서 하느님께서 우리에게 주신 선물을 알아보게 되었습니다." 하느님께서는 우리에게 아버지가 되어 주셨고, 그와 더불어 그리스도인으로서의 성소를, 그리고 이어서 사제 성소와 수도 성소를 주셨고, 다양한 봉사의 성소를 주셨고, 또 십자가와 고통의 성소도 주셨습니다. 성령께서는 이 모든 것들에 대해 우리에게 말씀하십니다.

바오로 사도는 우리에게 "영적인 사람은 모든 것을 판단"한다고 가르칩니다. 그는 모든 실재를 깊이까지 파악할 수 있는 지각, 감각, 지혜, 분별을 지니고 있기 때문입니다. 반면 현세적 인간은 "하느님의 영에게서 오는 것을 받아들이지 않습니다." 그가 그렇게 하려고 애를 쓴다면, 자신의 체험을 넘어서는 것임을 깨닫게 되어 그것은 다른 세상의 것이라고 말하게 될 것입니다.

때로는 우리 안에서, 기도와 신앙의 분위기에서 멀어지고 천상적 실재들에 대한 개방에서 멀어져 더 이상 성령의 목소리를 알아듣지 못하게 될 수 있습니다. 이때 우리는 신앙에 대한 큰 유혹을 겪게 됩니다. 우리는 거의 믿지 않는 사람의 눈으로 판단하게 되고, 신앙인의 상황은 우리에게 어리석은 것으로 보이게 됩니다. 꾸준한 기도, 충실한 성사 실천, 자제를 통해 얻게 되는 성령의 능력만이 우리를 다시 신앙의 삶의 진리로 돌아오게 합니다. 바오로 사도가 "현세적"이라고 부르는 상황으로 들어가는 것은 위험합니다. 이때에는 교부들이 '경건한 신앙의 감정(피우스 크레둘리타티스 아펙투스pius credulitatis affectus)'이라고 불렀던 그 섬세하고 예민하고 부드럽고 조심스러운 감각을, 즉 우리가 "영적인 것들"을 실제적인 것들로 느끼게 해 주는 신앙의 감미로움을 잃어버리게 되기 때문입니다. 반면 우리가 세속적이고 속되며 현세주의적인 영역으로 들어가게 되면, 모든 것이 우리에게 흐릿하게 보이게 됩니다. 불행히도 우리는 그러한 유혹을 흔히 겪습니다. 우리가 두 세상의 경계에 있기 때문입니다. 우리는 하느님의 것들의 세상에서 살고 있고 동시에 일상적이고 속된 실재들의 세계와 접하고 있습니다. 우리 자신의 태도를 분명하게 하지 않으면, 두 상황 사이에서 흔들리게 되고 우리의 판단은 불확실하고 불분명하며 흔히 미지근하게 남고 맙니다.

무신론의 유혹, 불신앙의 유혹은 언제나 문 앞에서 기다리고 있습니다. 아기 예수의 데레사 성녀는 삶의 마지막 한 해를 무서운 불신의 시련 속에서 살았고, 신앙이 없는 사람이 사물을 보고 판단하듯이 그렇게 보고 판단했습니다. 그러나 그 모든 것에도 불구하고 신앙에 항구할 은총을 지녔습니다.

성녀는 삶의 마지막 몇 달 사이에도 매우 아름다운 노래들과 풍부한 신앙이 담긴 단순한 시들을 썼습니다. 수많은 유혹과 어둠 속에서, 하늘이 닫혀 있는 것으로 보이는 속에서 어떻게 그렇게 할 수 있었는지 묻는 이에게 성녀는 "저는 제가 믿고 싶은 것을 노래합니다."라고 말했습니다. 성녀에게서 믿음은, 성령에 의하여 지탱되는 의지력이 되었습니다.

피정은 성령께 자리를 내어 드리기 위한 개방이고 훈련입니다. 피정은 우리가 어린아이가 하늘나라를 받아들이듯이 성령을 받아들이게 합니다. 우리가 성령을 인정하고 받아들이고 따르게 하고, 그럼으로써 조금씩 평온하게 되는 그 전체적인 전망을 되찾게 합니다. 그럴 때 우리는 절반은 무신론자이고 절반은 신앙인인 것이 아니라 온 마음으로 신앙인이 됩니다.

말씀의 힘

예수님께서는 갈릴래아의 카파르나움 고을로 내려가시어, 안식일에 사람들을 가르치셨는데, 그들은 그분의 가르침에 몹시 놀랐다. 그분의 말씀에 권위가 있었기 때문이다.

마침 그 회당에 더러운 마귀의 영이 들린 사람이 있었는데, 그가 크게 소리를 질렀다. "아! 나자렛 사람 예수님, 당신께서 저희와 무슨 상관이 있습니까? 저희를 멸망시키러 오셨습니까? 저는 당신이 누구신지 압니다. 당신은 하느님의 거룩하신 분이십니다."

예수님께서 그에게 "조용히 하여라. 그 사람에게서 나가라." 하고 꾸짖으시니, 마귀는 그를 사람들 한가운데에 내동댕이치기는 하였지만, 아무런 해도 끼치지 못하고 그에게서 나갔다. 그러자 모든 사람이 몹시 놀라, "이게 대체 어떤 말씀인가? 저이가 권위와 힘을 가지고 명령하니 더러운 영들도 나가지 않는가?" 하며 서로 말하였다. 그리하여 그분의 소문이 그 주변 곳곳으로 퍼져 나갔다.(루카 4,31-37)

피정은 또한 제2독서에서 말하는 바와 같이 말씀에, 강하고 힘있는 그 말씀에 자신을 열어 놓는 것이기도 합니다. 예수님의 말씀은 랍비들의 가르침처럼 단순히 거룩한 본문의 해석과 설명에 그치는 것이 아닙니다. 그분은 하느님의 이름으로 말씀하십니다.

우리는 지금도 말씀의 영향 아래 있습니다. 세례의 말씀은 우리를 자녀가 되게 합니다. 성찬의 말씀은 우리가 우리의 삶 전체와 연관되고 예수님의 충실하심과 영구히 결합되는 중요한 결정들을 내리게 합니다. 말씀은 우리에게서 마귀와 세상을 몰아냅니다. 더러운 마귀가 무엇인지는 나와 있지 않지만, 대개 우리가 길을 잃을 때, 정신적으로 동요와 혼란을 겪을 때 말씀은 강력한 힘을 발휘합니다. 그때 말씀은 우리에게 힘을 되찾게 하고, 새롭게 창조하고, 다시 낳아 줍니다. 베드로 사도는 여러분이 살아 있는 말씀으로 새롭게 태어났다고 말합니다.(1베드 1,23 참조).

우리는 말씀이 나에게 다시 용기를 주고, 다시 시작하게 하고, 모든 것을 분명하게 해 주고, 새로운 지평을 열어 주는 경험을 얼마나 많이 했습니까?

피정은 성령의 능력으로 우리 안에 말씀이 울려 퍼지게 하는 것입니다.

이 미사에서 우리가 성령의 은총에, 그리고 말씀에 열려 있을 수 있기를 청합시다. 그리고 그 말씀의 참됨은 우리가 말씀을 실천하기 시작할 때에 드러남을 언제나 기억해야 할 것입니다.

하느님의 신비에서 무엇인가를 파악하게 되는 것은 우리가 역동, 행위, 선물, 포기, 봉사가 무엇인지를 직관하면서 이 역동 안으로 들어가 한없는 헌신인 하느님의 생명에 일치하기를 받아들일 때입니다. 그때 신비는 우리에게 분명해질 것이고, 그렇지 않다면 그것은 철학적 반론들의 바다에 빠지고 마는 개념으로 머물게 됩니다.

성체는 바로 우리가 알고 받아들이도록 주어지는 한없는 선물입니다.

묵상 3
아버지의 이름이 거룩히 빛나시며

오늘 아침의 묵상 주제를 잠시 되짚어 보면서, 이어지는 "아버지의 이름이 거룩히 빛나시며"라는 기도에 대한 묵상을 시작합시다.

미셸 레드뤼스 신부님은 우리가 "아버지"라는 단어를 주해하면서 설명하려 했던 것을 잘 나타내는 두세 가지 표현을 사용합니다. 무엇보다 먼저 "'아버지'라는 단어는 그리스인들에게나 로마인들에게나 아버지의 자애로움을 연상시키는 것이라기보다 신을 지칭하는 존칭이었습니다. 반면 그리스도인은 하느님을 '아버지'라 부름으로써 죄의 용서, 구원의 결과로 회복된 의로움과 거룩함, 아들로 입양됨, 영원한 유산, 그리고 무상으로 주어진 성령의 인도를 증언합니다."《복음적 기도인 주님의 기도》, 18-19쪽)

이것이 예수 그리스도의 성령 안에서 아버지라는 이름을 부를 때의 그리스도교적 의미입니다. 그리고 이어서 이렇게 말합니다. "그러므로 '아버지'라는 탄성은 성령의 작용 아래 주님의 기도를 바치는 신자가 지니고 있는 신비롭고 내밀한 하느님에 대한 지식을 표현합니다."《복음적 기도인 주님의 기도》, 20쪽) "모스트라 테 에쎄 파트렘Mostra te esse Patrem. 당신께서 아버지이심을 보여 주소서! '주님, 저희에게 당신 자애를 보이소서.'(시편 85,8) 하느님에 대한 모든 찬미가 '아버지'라는 단어에 집약됩니다. 그리스도의 업적은 하느님께서 아버지이심을 보여 주시는 것으로 요약됩니다. '이 사람들에게 저는 아버지의 이름을 드러냈습니다.'(요한 17,6)《복음적 기도인 주님의 기도》, 21-22쪽)

이러한 표현들은 주님의 기도의 다음 표현, 곧 "아버지의 이름이 거룩히 빛나시며"라는 구절을 고찰하는 데에 도움을 줍니다. 이것은 우리가 언제나 영신 수련의 역동 전체, 그리스도인 삶의 역동 전체의 바탕인 '원리와 기초'의 정신 안에서 묵상하는 구절입니다.

"그분의 이름은 거룩하십니다."

이 표현은 좀 특이하고 이상하며, 설교에서도 사용하지 않고 주님의 기도 외에는 기도에서도 사용하지 않는 것입니다. 아마도 우리는 그리스어 동사 하기아스테토hagiastéto, "거룩하게 하시며"보다는 우리가 더 편안하게 느끼는 다른 동사 독사조doxázo(영광스럽게 하다)를 더 선호할 것입니다.

이 단어는 요한 복음서에 따른 예수님의 마지막 기도에서 자주 나타나며, 그 의미는 분명히 이해할 수 있습니다. "아버지, 때가 왔습니다. 아들이 아버지를 영광스럽게 하도록 아버지의 아들을 영광스럽게 해 주십시오."(요한 17,1) "아버지께서 저에게 하라고 맡기신 일을 완수하여, 저는 땅에서 아버지를 영광스럽게 하였습니다."(요한 17,4) "아버지, 세상이 생기기 전에 제가 아버지 앞에서 누리던 그 영광으로, 이제 다시 아버지 앞에서 저를 영광스럽게 해 주십시오."(요한 17,5) "저의 것은 다 아버지의 것이고 아버지의 것은 제 것입니다. 이 사람들을 통하여 제가 영광스럽게 되었습니다."(요한 17,10) "아버지께서 저에게 주신 영광을 저도 그들에게 주었습니다. 우리가 하나인 것처럼 그들도 하나가 되게 하려는 것입니다."(요한 17,22) "아버지, 아버지께서 저에게 주신 이들도 제가 있는 곳에 저와 함께 있게 되기를 바랍니다. 세상 창조 이전부터 아버지께서 저를 사랑하시어 저에게 주신 영광을 그들도 보게 되기를 바랍니다."(요한 17,24)

주님의 기도에서도 동사 독사조doxázo가 사용되었더라면 언어학적으로 더 이해할 만할 것입니다. "아버지, 당신의 이름을 영광스럽게 하십시오." 또는 "당신의 이름이 영광스럽게 되소서."였다면 말입니다.

동사 하기아조hagiazo는 분명 더 신비롭고 거칠며, 파악하기가 더 어렵습니다.

하지만 이 기도의 의미를 이해하는 것은 중요합니다. 우리는 주님의 기도를 기도하면서 아버지의 이름은 위대하시고, 아버지의 이름은 영광스럽다고 말하고자 합니다. 당신 아드님께서 우리의 입에 "아버지의 이름이 거룩히 빛나시며"라는 청원을 담아 주셨을 때 지니셨던 의도를 깨달을 수 있게 해 주십시오.

하느님 이름의 거룩하심의 신비를 깊이 깨달으셨던 동정 마리아께, 우리의 정신과 마음을 비추어 주시어 이 기도가 우리 안에 불러일으키고자 하는 자세들을 알게 해 주시고 우리가 받아들여 따를 그리스도인의 길을 알아보게 해 주시기를 청합니다.

성모님을 기억하면서, 마리아의 노래 마니피캣Magnificat이 떠오릅니다. 거기에서 성모님은 기뻐하며 노래하십니다. "전능하신 분께서 나에게 큰일을 하셨기 때문입니다. 그분의 이름은 거룩하십니다."(루카 1,49)

그 이름의 거룩하심을 감지하는 것은 구약 성경의 전형적인 특징입니다. 그래서 나중에는 예언서의 몇 단락을 인용하려 합니다. 구약 성경의 사고방식으로 생각하는 것이 필요합니다. "아버지의 이름이 거룩히 빛나시며"라는 기도는 구약과 신약의 능선에 자리하고 있기 때문입니다. 그것은 아마도 히브리인들이 그리스도인들보다 더 잘 이해할 수 있는 말이고, 예수님께서는 그 말을 마음과 입에 담으십니다. 이는 우리가 구약에 뿌리를 두도록 하시기 위해서입니다.

그래서 이제 독서lectio를 하면서 "이름"이 무엇을 의미하고 "아버지의 이름이 거룩히 빛나시며"가 무엇을 의미하는지 물으려 합니다. 이어서 여러분에게 짧은 묵상meditatio 안내로, 이러한 기도가 우리에게 제시하는 태도들은 어떤 것인지를 찾아볼 것입니다.

청원의 여러 가지 의미들

이 질문들에 정확한 대답을 찾지 못하더라도 당황하지 않도록 합시다. 주님의 기도는 풍부하고 강렬하고 매우 짧으면서도 집약적이며, 많은 의미를 지닌 기도이기 때문입니다. 물론 기도는 본성상 수학 공식이 아니며 거기에서 여러 의미를 파악할 수 있는데, 그들은 모두 타당한 것일 수 있습니다.

1. "이름"이라는 단어만 보아도 이를 알 수 있습니다. 우리는 구약성경에서 "아버지의 이름"이 그분의 '인격', '능력', '존재', '실재'를 뜻한다는 것을 알고 있습니다.

그러나 질문할 것이 더 있습니다. "하느님의 것은 하느님께 돌려 드려라."라는 계명에서처럼 하느님이 하느님으로서 인식되기를 바라는 것일까요? 아니면 "아버지의 이름이 거룩히 빛나시며"라는 기도대로 모든 이들이 그분을 하느님으로서만이 아닌, 죄의 용서를 위해 아드님을 보내시는 자애롭고 자비로우신 분으로서 알게 되기를 청한다는 뜻일까요? 모든 이들이 당신의 위대하심, 당신의 능력, 당신의 무한하심, 당신의 초월성을 알게 되기를 청하는 것일까요, 아니면 모든 이들이 특히 당신의 선하심, 당신의 낮아지심, 인간에 대한 관심을 알게 되기를 청하는 것일까요? 아마도 두 가지 의미를 모두 담고 있을 것입니다. 저는 아버지라는 당신 이름이 거룩하게 되기를 요청하는 것으로 보고자 합니다. 당신께서 사랑하시고 위로하시고 용서하시는 분, 되찾은 아들의 비유에서 말하듯이 아들을 기다리고, 맞으러 나가고, 끌어안고, 혼인 예복을 입히고, 큰 잔치를 베푸시는 분(루카 15,11-32 참조) 이심을 사람들이 알게 되기를 청한다는 것입니다. 기도문에서는 더 말하지 않습니다. 두 가지 측면 가운데 어떤 것을 더 깊이 묵상할지는 우리의 몫입니다.

2. 그러면 "거룩히 빛나시며"는 무엇을 의미할까요? 앞에서 이미 이 표현이 특이하다는 점을 지적했습니다.

- 이것은 단순히 영광송 같은 것일 수 있습니다("아버지, 당신의 이름은 찬미를 받으시며 아버지의 나라가 오소서"). 히브리 기도문들에서 흔히 나타나는

2장 성령께서 주신 말씀 73

첨가문이나 후렴 같은 것일 수 있습니다.

그러나 저는 그러한 가설은 그럴듯하지 않다고 생각합니다.

히브리인들에게 일반적인 문학 유형인 브라카를 생각할 수도 있을 것입니다. 실상 그들은 서로 만나거나 손님을 초대할 때에 "바룩 하바", 곧 "오시는 분이 축복을 받으시기를!"이라고 말하고, "안녕하십니까?"라는 질문에는 잘 지낸다는 뜻으로 "바룩 하솀", 곧 "그 이름은 찬미를 받으소서."라고 말합니다.

하느님을 찬양하는 브라카의 용법은 나중에는 삶의 다른 많은 부분에도 적용되었습니다. 식사 전의 브라카는 예수님께서 빵과 포도주에 대해 하셨던 기도이기도 한데, 축복의 기도라고 일컬어집니다. 그밖에도 식사 후의 브라카 등도 있습니다.

이 개념은 신약 성경에서도 나타납니다. 예를 들어 엘리사벳이 마리아에게 한 인사도 브라카입니다. "여인들 가운데에서 가장 복되시며Eulogeméne sy en gynaixin", "당신 태중의 아기도 복되십니다."(루카 1,42) 바로 여기에서 동사 베렉berek에 대응되는 것이 동사 에울로게인eulogéin과 찬양eulogia이라는 것을 볼 수 있습니다.

즈카르야의 노래(베네딕투스Benedictus)도 브라카로 시작됩니다.

"주 이스라엘의 하느님께서는 찬미받으소서Eulogetòs kyrios o theòs tou Israel"(루카 1,68) 그리고 루카 복음서 11장 27절에서는 또 하나의 브라카를 볼 수 있습니다. "어떤 여자가 목소리를 높여, '선생님을 배었던 모태와 선생님께 젖을 먹인 가슴은 행복합니다.' 하고 예수님께 말하였다."

그리고 신약 성경에는 브라카로 시작하는 편지들이 적어도 두 개 있습니다. 코린토 신자들에게 보낸 둘째 서간에서는 "우리 주 예수 그리스도의 아버지 하느님께서는 찬미받으시기를 빕니다. 그분은 인자하신 아버지시며 모든 위로의 하느님이십니다."(2코린 1,3)라고 말하고, 에페소 신자들에게 보낸 서간에서는 "우리 주 예수 그리스도의 아버지 하느님께서 찬미받으시기를 빕니다. 하느님께서는 그리스도 안에서 하늘의 온갖 영적인 복을 우리에게 내리셨습니다."(에페 1,3)라고 말합니다.

그렇지만 저에게는 브라카라는 문학 유형은 주님의 기도의 첫 번째 청원인 "아버지의 이름이 거룩히 빛나시며"에 온전히 부합하는 것으로는 보이지 않습니다.

- 오히려 그것은 진정한 의미의 요청입니다. 그러면, 무엇을 청하고 있습니까? 여기에서도 여러 가지를 생각할 수 있습니다.
- 이 표현을 여러 차례 사용하는 에제키엘 예언자의 정신에 따르면, 이 청원은 "아버지, 역사 안에 개입하여 활동하시어 당신의 이름이 위대하게 드러나도록 해 주십시오."라는 의미일 수 있습니다. 예언자는 민족들이 "하느님은 참으로 위대하시다!"라고 놀라 외치게 하

는 하느님의 개입을 요청합니다. "나는 내 큰 이름의 거룩함을 드러 내겠다." 다시 말하면, 하느님께서는 민족들이 놀라며 "이스라엘 집 안이 민족들 사이로 흩어져 가 거기에서 더럽힌 나의 이름을" 찬양 하게 할 업적들로 당신 자신을 드러내겠다고 말씀하십니다. 너희는 너희의 행실로 다른 민족들이 내 이름을 멸시하게 만들었다. 이제 내 가 그 이름의 위대함을 드러내겠다. "그들이 보는 앞에서 너희에게 나의 거룩함을 드러내면, 그제야 그들은 내가 주님임을 알게 될 것이 다. 주 하느님의 말이다."(에제 36,21 이하 참조)

"아버지의 이름이 거룩히 빛나시며"(역주: 직역하면 '당신 이름이 거룩하게 되 시며')는 신적 수동태입니다. 곧 "당신께서 당신 이름을 거룩하게 하십 시오. 이렇게 어둡고, 이렇게 혼란스럽고, 이렇게 폭력적이고, 이렇게 악한 세상에 개입하십시오. 개입하시어 당신께서 계시다는 것을, 당 신께서 거룩하시다는 것을, 당신께서 역사의 운명을 쥐고 계시다는 것을 보여 주십시오."라는 뜻입니다.

에제키엘 예언자는 하느님께서 당신 이름을 거룩하게 하시는 일곱 가지 개입들을 열거합니다. "나는 너희를 민족들에게서 데려오고 모 든 나라에서 모아다가, 너희 땅으로 데리고 들어가겠다. 그리고 너희 에게 정결한 물을 뿌려, 너희를 정결하게 하겠다. 너희의 모든 부정과 모든 우상에게서 너희를 정결하게 하겠다. 너희에게 새 마음을 주고 너희 안에 새 영을 넣어 주겠다. 너희 몸에서 돌로 된 마음을 치우고,

살로 된 마음을 넣어 주겠다. 나는 또 너희 안에 내 영을 넣어 주어, 너희가 나의 규정들을 따르고 나의 법규들을 준수하여 지키게 하겠다. 그리하여 너희는 내가 너희 조상들에게 준 땅에서 살게 될 것이다."(에제 36,24-28ㄱ) 이들 모두는 흩어진 이스라엘을 회복시키고 그럼으로써 하느님을 영광스럽게 하는 개입들입니다. 이 일곱 가지의 개입들은 계약 정식으로 마무리됩니다. "너희는 나의 백성이 되고 나는 너희의 하느님이 될 것이다."(에제 36,28ㄴ) 지금도 히브리 백성은 이 희망으로 살아가며, 모든 민족들 가운데에서 모인 히브리인들 수백만이 이스라엘에 현존한다는 것은 언제나 당신 백성을 사랑하시는 하느님의 영광스러운 개입으로 여겨집니다.

이사야서 29장 22-23절도 다시 읽겠습니다. "그러므로 아브라함을 구원하신 / 야곱 집안의 하느님이신 주님께서 이렇게 말씀하신다. / '야곱은 더 이상 부끄러운 일을 당하지 않고 / 더 이상 얼굴이 창백해지는 일이 없으리라. / 그들은 자기들 가운데에서 내 손의 작품인 자녀들을 보게 될 때 / 나의 이름을 거룩하게 하리라.' / 그들은 이스라엘의 거룩하신 분을 거룩하게 하며 / 이스라엘의 하느님을 두려워하게 되리라."

그래서, "아버지의 이름이 거룩히 빛나시며"라는 표현에는 성화, 거룩함, 카도쉬, 거룩하신 분의 고유한 어휘가 들어 있다고 생각됩니다. 그 단어는 초월적이라는 단어로 더 잘 번역될 수 있을 것입니다. 하느님의 초월성이 드러나기를, 사람들이 하느님께서 초월적인 분이심을 알게 되고 그분께서 역사 안에서 행하시는 일들에 모든 이들이 그분의 위대하심을 찬양하게 되기를 청하는 것입니다.

여기서 다시 레드뤼스 신부님의 연구를 인용하겠습니다. 신부님은 많은 이들의 의견에 반대하는데, 가톨릭 신약 성서학자인 쉬르만 H.Schürmann을 포함한 많은 이들은 주님의 기도가 "아버지의 나라가 오시며"라는 오직 하나의 청원을 담고 있으며, 다른 모든 청원은 이 청원을 중심으로 한다고 봅니다. 하지만 "아버지의 나라가 오시며"라는 청원 자체는 하느님의 이름이 영광과 찬양을 받으시기를, 초월적이고 거룩하신 그분께서 아버지이심을 사람들이 알게 되기를 청하는 그 앞의 청원에 종속됩니다.

본문을 읽겠습니다. "아버지의 이름을 거룩히 드러내시며(직역: 아버지, 당신의 이름이 거룩하게 되시며).'(루카 11,2) 루카의 이 문장은 첫 번째 갈망으로써 아버지를 부르는 것에 연결되어 있고, 이와 동시에 그 후의 갈망들과 이어지는 모든 청원들로부터 분리되어 있습니다. 그 모든 청원들은 바로 그 하느님의 현양에 연관됩니다."《복음적 기도인 주님의 기도》, 33쪽)

그러므로 먼저 "아버지의 이름이 거룩히 빛나시며"라고 청하고, 이를 위해서 "아버지의 나라가 오시며" "아버지의 뜻이 이루어"지고, 또한 일용할 양식과 용서, 유혹과 악으로부터의 해방이라는 필요한 몇 가지 조건들이 채워지기를 청하는 것입니다.

"이 표현은 그 기도를 성체 찬가 수준으로 들어 높이고, 환호의 어조를 띠게 합니다. 그리스도의 입술에서도 그러했습니다. 그분은 하늘을 향해 눈을 드시고 '거룩하신 아버지'(요한 17,11)라고 기도하셨습니다. '아버지의 이름'은 그분의 인격을 뜻합니다. 단순히 특정한 한 분을 지칭하는 것만이 아니라 그분의 능력을, 전능하신 자비를 드러내는 것입니다(이사 59,19: '이름'과 '영광'의 병행; 즈카 14,9: "그 이름도 하나뿐일 것이다" 참조). 그 이름은 계시되시는 하느님, 당신의 구원 계획 안에서 드러나시는 하느님을 뜻하고 그래서 하느님께서 당신 자신에 대해 알려 주신 아직은 분명치 않은 지식의 통교를 통하여 신앙 안에서 우리가 알게 되는 하느님을 뜻합니다.

거룩하게 된다는 것은 '하느님께서 비길 데 없는(초월적인) 분으로 현양되고 인식되는 것'을 뜻합니다. 하느님께서 당신 사랑의 계획을 실현하심으로 인하여 영광을 받으시기를 바랍니다. '저는 그들에게 아버지의 이름을 알려 주었고 앞으로도 알려 주겠습니다. 아버지께서 저를 사랑하신 그 사랑이 그들 안에 있고 저도 그들 안에 있게 하려는 것입니다.'(요한 17,26) 그리스도의 최고 관심사, 그분 마음의 유일한 열정은 하느님, 오직 하느님뿐이었습니다. 그분은 제자들에게 가르쳐 주신 기도에서도 이를 당신 제자들에게 전해 주셨습니다. 그래서 그분은 돌아가시기 전에 이렇게 말씀하실 수 있으셨습니다. '아버지께서 세상에서 뽑으시어 저에게 주신 이 사람들에게 저는 아버지의

이름을 드러냈습니다.'(요한 17,6)

예수님께서는 우리에게 '아버지의 이름을 거룩하게 하기를', 곧 하느님을 하느님으로 대하고 하느님과 그분의 영광 외에는 아무것도 하느님으로 대하지 않기를 가르치러 오셨습니다. 그분을 최고의 유일한 사랑으로 사랑하고, 그분을 모든 것 위에, 특히 우리 자신 위에 현양하며, 우리 마음 안에서 그분을 어떤 현세적 선과 경쟁하게 하지 않고, 그분께 열정을 품도록 가르치러 오셨습니다. 예수님께서 이렇게 기도하기를 우리에게 가르치시면서 전해 주시는 그 확신과 신뢰는 우리에게 이 갈망이 이미 허락되었음을 예감하게 합니다. 하느님께서 이미 당신의 자비와 당신의 영광을 세상 안에서 드러내셨고 이미 당신의 구원 계획을 실현하고 계시다는 의미에서 말입니다. 결국 하느님만이 당신 자신을 영광스럽게 하시는 분이시며, 예수님께서 가르치신 것처럼 기도하는 사람은 거기에 참여할 줄 아는 사람이고 자신과 모든 이들 안에서 지금 그리고 특히 세상 끝날에 그분께서 임금으로 당신 자신을 드러내실 때에(에제 36,23 참조) 그 갈망이 실현되기를 바라는 사람입니다."《복음적 기도인 주님의 기도》, 33쪽)

마지막으로, 요한 복음서 12장 27-28절에도 이와 비슷한 어떤 것이 들어 있다고 생각합니다. 여기서는 앞서 본 바와 같이 복음서 저자의 전형적 단어인 독사조doxázo를 사용합니다. "'이제 제 마음이 산란합니다. 무슨 말씀을 드려야 합니까? '아버지, 이때를 벗어나게 해 주십시오.' 하고 말할까요? 그러나 저는 바로 이때를 위하여 온 것입니다. 아버지, 아버지의 이름을 영광스럽게 하십시오.' 그러자 하늘에서 '나는 이미 그것을 영광스럽게 하였고 또다시 영광스럽게 하겠다.'는 소리가 들려왔다."

아버지, 개입해 주십시오!

여기서 말하는 영광스럽게 되는 것은 예수님의 죽음과 그분의 부활입니다. 아버지께서는 부활하신 그리스도 안에서 거룩하게 되십니다. 아마도 예수님께서는 세례를 받기 위하여 요르단으로 가실 때에 이미 하느님 아버지의 거룩하심을 위해 기도하셨을 것입니다.

어쨌든, 우리의 주님의 기도의 요청에서 표현은 수동태로 되어 있으며 예수님께서 하시는 일에 대해 말하지는 않습니다.

- 또 다른 의미를 말할 수도 있을 것입니다. 우리가 하느님의 이름을 찬양한다는 것을 강조할 수도 있습니다.

많은 그리스도인들은 "아버지의 이름이 거룩히 빛나시며"라는 기도를 하느님의 이름에 찬양을 드리고 그 이름을 모독하지 않고자 하는 결심으로 이해합니다. 그러니까, "우리 인간들에 의하여 아버지의 이름이 거룩하게 되시기를" 기원한다는 것입니다.

이것은 말라키 예언자가 말하는, 하느님께 드려야 하는 존경입니다. "아들은 아버지를, 좋은 주인을 공경하는 법인데 내가 아버지라면 나에 대한 공경은 어디 있느냐? 내가 주인이라면 나에 대한 두려움은 어디 있느냐? 내 이름을 업신여기는 사제들아 만군의 주님이 너희에게 말한다."(말라 1,6) 이는 모세의 율법에 따라 행하지 않고 그래서 하느님을 존중하지 않는 사제들에 대한 말씀입니다.

더 근본적으로, 인간은 예수님과 친교를 이룸으로써 거룩하게 되고 자신의 삶으로 하느님의 이름을 거룩하게 할 수 있습니다. 요한 복음서의 중요한 한 단락이 이를 시사해 줍니다. 여기에서는 주님의 기도에서와 같은 하기아조hagiazo 동사가 사용됩니다. "이들을 진리로 거룩하게 해 주십시오(하기아조hagiazo). …… 저는 이들을 위하여 저 자신을 거룩하게 합니다. 이들도 진리로 거룩해지게 하려는(호신 헤기아스메노이hòsin hegiasménoi) 것입니다."(요한 17,17-19) 이렇게 함으로써 그들은 하느님의 거룩하심을 증언합니다.

여러분이 느끼는 바와 같이, 지극히 단순한 구절인 "아버지의 이름이 거룩히 빛나시며"는 어떤 부분에서는 신비롭게 남습니다. 그것은 서로 다른 의미들을 결합시키고, 하느님의 행위와 인간의 행위 모두를 지칭합니다. 그리고 우리 자신도 그분을 찬양하고, 그분께 영광을 드리고, 그분의 이름을 거룩하게 하도록 합니다.

우리가 주님의 기도를 기도할 때, 각자가 성령의 이끄심에 따라 이 청원의 여러 의미 가운데 어떤 것을 음미할 수 있을 것입니다.

찬미와 감사 안에서 이루어지는 기도

묵상meditatio과 관상contemplatio에서는 앞에서 했던 질문에 응답하고자 합니다. 이 말씀을 입에 담는 것은 우리에게 어떤 태도를 시사합니까? 이렇게 기도하는 사람은, 이를 반복할 때 마음 안에서 무엇을 느끼게 됩니까?

- 무엇보다 먼저, 하느님을 찬양하고 그분께 감사드리는 마음이 저절로 우러나와야 한다고 생각합니다. 라자로가 죽음에서 되살아나기 전의 장면이 떠오릅니다. 요한은 이렇게 전합니다. "예수님께서는 하늘을 우러러보시며 말씀하셨다. '아버지, 제 말씀을 들어 주셨으니 아버지께 감사드립니다. 아버지께서 언제나 제 말씀을 들어 주신다는 것을 저는 알고 있습니다.'"(요한 11,41-42)

기도하는 사람은 마음 안에 항구한 감사의 태도를 지녀야 합니다. 감사는 바오로 사도가 그의 편지들에서 자신의 것으로 삼았던 태도였습니다. 콜로새 신자들에게 보낸 서간의 첫 부분을 읽어 봅시다. "우리는 여러분을 위하여 기도할 때면 늘 우리 주 예수 그리스도의 아버지 하느님께 감사를 드립니다."(콜로 1,3)

이 구절은 저에게 깊은 감명을 줍니다. 자신의 공동체에 대하여 감사할 줄 아는 신부들을 별로 보지 못했기 때문입니다. 반대로, 많은 신부들이 불평을 합니다. 사람들이 응답하지 않는다고, 듣지 않는다고, 오지 않는다고 불평합니다. 사실 그들에게는 어려움이 있습니다. 하지만 저는 그들에게 이렇게 말하곤 했습니다. 당신의 공동체가 존재한다는 것은 이미 하느님의 기적입니다. 신앙이 없고 이교적인 이 세상 안에서 복음적 신앙을, 세례 신앙을 산다는 사실은 하느님의 기적입니다. 그러니 먼저 이것에 대해 주님께 감사드리십시오. 이것이 사도들이 지녔던 태도였습니다. 하느님께서 나를 신앙으로 불러 주셨다는 데에 대하여 하느님께 감사를 드리는 것입니다. 우리는 죄가 많고, 매우 불완전하고, 아주 나태합니다. 그러나 우리는 그리스도교 백성 안에 있는 특별한 선물을 받았습니다. 그 선물은 믿음과 희망입니다. 모든 사제가 자신에 대하여 그리고 자신의 신자들에 대하여 주님께 진심으로 감사를 드리며 "아버지, 감사합니다. 당신 자녀들을 무지의 어둠에서 사랑이신 당신을 알도록 불러 주셨음에 감사드립니다."라고 기도했으면 합니다.

저는 주님께서 우리를 위하여 사랑으로 행하시는 모든 것에 대한 감사가 "아버지의 이름이 거룩히 빛나시며"라는 기도의 바탕이 되는 자세라고 생각합니다. 이 기도는 하느님의 선물들을 의식하는 데에서 솟아 나올 수 있고, 축복으로 넘쳐흐를 수 있습니다. 에페소 신자들에게 보낸 서간에서는 이렇게 말합니다. "모든 일에 언제나 우리 주 예수 그리스도의 이름으로 하느님 아버지께 감사를 드리십시오."(에페 5,20)

우리 마음을 하느님께 들어 높이게 하는 이러한 태도를 기르는 것은 매우 유익합니다. 그런데 불행히도 우리 그리스도교 공동체 안에 이것이 부족한 경우가 많습니다. 적어도 서양에서는 공동체들이 흔히 불평하고, 자신 안에 갇혀 있고, 언제나 잘되지 않는 것을 바라보려 합니다.

제가 피정 강의로 쓴 책을 읽어 본 분들은, 고해성사와 관련해서도 이 점을 자주 강조했음을 알 것입니다. 고해는 하느님께 드리는 감사로 시작해야 합니다. 지난번 고해 이후로 주님께서 나를 위하여 해 주신 것에 대하여 주님을 찬미해야 합니다. 고해를 줄 때 사람들이 자신의 죄들을 열거하기 시작하면, 저는 곧 중단시키고 묻습니다. "그런데 하느님께 감사드릴 일은 없습니까?" 그러면 사람들은 "네. 몇 가지는 있습니다."라고 대답합니다. 그러면 곧 분위기가 달라지고, 내적인 자세가 달라집니다.

찬미의 태도는 바오로 사도의 마지막 서간들뿐만 아니라 가장 첫 번째 서간인 테살로니카 신자들에게 보낸 첫째 서간에도 나타납니다. "언제나 기뻐하십시오. 끊임없이 기도하십시오. 모든 일에 감사하십시오. 이것이 그리스도 예수님 안에서 살아가는 여러분에게 바라시는 하느님의 뜻입니다."(1테살 5,16-18)

우리가 하느님을 찬미하고, 감사를 드리고, 아버지의 위대하심이 찬양을 받으시기를 바라고, 그 위대하심이 분명하게 나타나고 드러나게 되기를 원하도록 초대하는 주님의 기도의 청원이 말해 주는 것은 바로 이것이라고 생각합니다.

이제 스스로 질문해 봅시다. 내 삶의 기본 바탕은 감사입니까? 아침에 잠이 깰 때 가장 먼저 아버지를 생각하면서 "주님, 감사합니다. 당신께서 위대하시고 선하심에, 저를 사랑하셨고 이 밤에 저를 지켜 주셨기에 감사합니다."라고 기도합니까? 저녁에는 하느님께서 주신 선물들에 감사합니까?

- 심화를 위한 두 번째 지침은 이것입니다.

이 구절을 설명하면서 했던 말들에서, 이름이 거룩하게 되는 것은 무엇보다도 하느님의 업적이라는 점이 나타납니다. 그분께서 당신 이름을 영광스럽게 하십니다. 그러므로 우리는 그분께 당신 영광을 맡겨 드리도록 초대되는 것입니다.

우리가 그 영광을 '부풀려야' 하는 것이 아닙니다. 하느님께서 친히 그 영광을 돌보시며, 우리는 그 영광을 드러내시기를 청하는 것입니다. 때로 우리는, 마치 그분의 영광이 우리에게 달려 있는 듯이 행동합니다.

밀라노의 유명한 신학자인 피노 콜롬보 Pino Colombo 몬시뇰이 역설적으로 하던 말이 생각납니다. 때로 우리가, 예수 그리스도께서 부활하시도록 하기 위하여 인공호흡을 하려는 것처럼 보인다는 것입니다. 이것은 중대한 오류입니다. 그분께서 생명이시고 부활이시고 영광이시기 때문입니다.

- 세 번째 태도도 매우 중요합니다. 이는 이 세상 어딘가 인권이 짓밟히는 곳에서 하느님의 영광이 매우 짓밟히고 있다고 여기는 이들의 특징이기도 합니다. 사실 인권은 어디서나 어느 정도 짓밟히고 있습니다.

여기에서부터 모호한 상황들, 하느님께서 침묵하시는 것처럼 보이는 상황들이 극복되기를 바라는 전구의 기도가 생겨납니다. 그리고 이때 우리는 시편에서도 그렇듯이 조금은 탄식을 하는 것이 허락됩니다. "주님, 당신의 영광은 어디에 있습니까? 당신은 어디에 계십니까? 왜 숨으십니까? 왜 당신 모습을 보여 주지 않으십니까? 왜 당신 자신을 드러내지 않으십니까?"

그러나 그러한 질문은 앞서 말한 기쁨과 신뢰 안에서 이루어져야 합니다. 많은 경건한 히브리인들은 그들 역사의 가장 암담한 순간들에도 "주님, 당신께서는 숨으십니다. 주님, 당신께서는 침묵하시는 듯합니다. 당신의 영광을 보여 주십시오. 주님, 어디에 계십니까? 저희가 당신을 뵙게 해 주십시오. 모든 이들이 당신께서 저희 임금이심을, 당신께서 저희를 돌보심을, 당신께서 저희를 버리지 않으셨음을 알게 해 주십시오."라고 기도해 왔고 지금도 그렇게 기도하고 있습니다.

  그러니 우리가 하느님 찬미의 깊은 의미를 잘 깨달았다면 그분께 탄식할 수도 있습니다. 하지만 신앙과 전구의 정신과 태도 안에서 해야 합니다.

묵상 4

저희에게 잘못한 이를 저희가 용서하오니
저희 죄를 용서하시고

최근 일어난 학살의 소식과 이스라엘, 모스크바, 이라크의 테러들은 우리가 어떤 맥락 안에서 이 영신 수련을 하고 있는지를 되짚어 보게 합니다.

삶에서 찾는 하느님의 뜻

무엇보다 먼저 전기적 맥락이 있습니다. 이에 관해서는 제가 두 가지 질문에 대해 성찰할 것을 청했습니다. 나는 어떤 마음으로 피정에 왔는가, 그리고 피정이 끝났을 때는 내가 어떤 상태이기를 바라는가 하는 것입니다.

아시다시피 이러한 맥락은 두번째 영역인 교회적 배경 안에 자리합니다. 나의 교구, 나의 공동체, 나의 지역 교회, 그리고 보편 교회 안에 자리하는 것입니다. 그래서 우리는 우리의 기도에서 언제나 그러한 실재들을 염두에 두어야 합니다.

세 번째 영역은 일반적인 사회-정치적 맥락입니다. 그 맥락은 분열된 공동체, 집단의 이익을 앞세움, 악의 부조리함이라는 세 가지 현상들로 특징지어집니다.

- 무엇보다 먼저, 공동체는 분열되어 있습니다. 다양성과 서로 다른 이들이 존재하는 오늘날에는, 공동체로서의 회개가 점점 더 필요합니다. 자신을 고립시키거나 서로를 파괴하지 않고, 관용에만 머물지 않아야 합니다. 관용으로는 아직 부족합니다. 관용은 최선의 해결책으로 보일 수도 있지만, 그것으로 충분치는 않습니다. 서로의 마음을 움직이게 할 수 있는 공동체가 필요합니다. 이 말은 꼭 개종을 시켜야 한다는, 네가 나의 종교, 나의 문화로 개종하여야 하나가 된다는 뜻은 아닙니다.

그러한 복음화의 지평은 그리스도교에서 필수적이지만, 먼저 우리가 서로 다른 사람들로서 가까이 있을 수 있는 가능성이 실현되어야 합니다. 내 삶의 방식을 통해 진정성을 더 깊게 하도록 하고, 또한 다른 사람이 그 자신의 진정성을 기르며 종교적인 것이든 아니든 주님께서 그에게 마음 깊은 곳에서 하시는 말씀을 발견하도록 해야 하는 것입니다.

종교 간 대화는 분명 유익하지만, 저는 그것이 대단히 중요하다고 생각하지는 않습니다. 종교들은 본성상 고착되고 성문화된 체계입니다. 이들은 오해를 피하기 위하여 서로 친절하게 정보와 선언들을 교환하지만, 각각 변함없이 남아 있습니다. 또한 수많은 종교 간 대화의 만남들에서, 언제나 같은 사람들이 평화를 바라는 뜻을 밝히고 몇 차례의 담화를 하기 위해서 한 대륙에서 다른 대륙으로 여행하는 것을 봅니다.

그것으로는 충분치 않습니다. 되풀이해서 말하지만, 서로의 마음을 움직이게 하고, 각자 자신의 진정성을 살아가며, 다른 사람의 진정성을 존중해야 합니다. 그리고 가능하다면 다른 사람이 자신의 전통과 종교에 있어서 더 진정한 길을 갈 수 있도록 자극을 받도록 하면서 함께 사는 법을 배워야 합니다.

이러한 전망 안에서 우리에게는 강한 진정성이 필요합니다. 사회-문화적, 사회-종교적 정체성만이 아니라 복음적 정체성이 필요합니다. 복음은 어떤 식으로든 종파를 뛰어넘기 때문입니다. 예를 들어 산상 설교는 어떤 종파에 속하지 않고, 인류의 삶을 새롭게 하며 누구에게나 가치를 지닐 수 있습니다.

결론적으로, 팔레스티나에서, 보스니아에서, 르완다에서, 수단에서, 이 세상 안에서 우리가 겪는 공동체의 분열은 서로 다른 사람들이 함께 살기를 배워야 할 필요성을 보여 주는 증거입니다. 그것을 배우지 못한다면 우리는 인류로서 생존하지 못할 것입니다.

- 두 번째 현상은 사회-정치적 맥락 안에서 집단의 이익에 대한 관심이 지배적이라는 사실입니다.

오늘날 우리가 사는 곳뿐만 아니라 세상의 다른 곳들에서도 공동선에 대한 의식이 매우 약합니다. 어떤 곳에서는 가족의 선이나 강력한 부족의 선을 찾습니다. 분명 부족 정신이 긍정적인 면이 있고, 무정부 또는 독재 사회에서 내적인 방어에 도움이 되는 경우가 있습니다. 하지만 어떤 경우 내부의 규칙을 어기거나 가족의 명예를 훼손하면 사람을 죽이기까지도 합니다.

하지만 우리는 공동선이 첫째 가치로 여겨지는 세상을 향해서 걸어가야 합니다. 집단과 민족의 선만이 아니라, 그리고 국가의 선만이 아니라, 인류 전체의 선을 추구해야 합니다.

집단 이익이라는 맥락을 깨뜨리기 위하여 그리스도교는 할 말이 매우 많습니다. 그리스도교가 구체적이고 보편적인 공동선을 제시하기 때문입니다.

- 마지막으로, 아직 우리는 악의 부조리함 속에 잠겨 살고 있음

을 잊지 말아야 합니다. 선한 뜻을 가진 사람들이 우연히, 실수로, 나태함으로 오류를 범하는 것만이 아닙니다. 부조리한 악, 근거 없는 악, 그 자체로 의도된 잔인함, 성공의 우상은 하나의 실재입니다. 그리스도의 십자가는 그러한 부조리함의 결과이며, 그래서 과거 어느 때보다도 더 현실적입니다.

반전 운동의 수많은 지극히 고귀한 시도들을 인정하면서도, 우리가 이러한 맥락 안에 살고 있음을 결코 잊지 않아야 합니다.

이러한 배경 안에서 우리는 주님의 기도에 대한 묵상을 계속할 것입니다. 그리고 영신 수련에서는 우리 삶 안에서 하느님의 뜻을 찾게 되므로, 우리는 그분께 묻습니다. 이 극적이고 갈등 많고 부조리한 세상 안에서, 무엇을 하기를 원하십니까?

용서의 청원

우리는 주님의 기도를 묵상하면서 이미, 영신 수련의 '원리의 기초'와 연결할 수 있음을 고찰했습니다. 이제는 영신 수련의 첫 주간으로 들어가도록 합시다. 첫 주간은 정화의 길이라고 일컬어지는 참회의 주간으로, 우리는 우리의 죄를, 우리 안에 있는 악을, 세속성에 대한 우리의 묵인을, 우리의 약함과 나약함을 살피고 그것에서 정화됩니다.

이냐시오 데 로욜라 성인은 다섯 가지 묵상을 제시합니다. 첫째는 구원 역사 안의 죄들에 대한 묵상, 둘째는 개인적 죄들에 대한 묵상이고, 셋째와 넷째는 첫째와 둘째의 반복으로 피정자의 마음 안에 주님께서 깨닫게 해 주신 바를 새기도록 하는 것이며, 다섯째는 죄의 종착점인 멸망에 대한 묵상입니다.

우리는 이 주간에 정신의 인도를 따를 것입니다. 이 주간에는 보통 고해성사를 준비하는데, 지난번 피정 이후의 한 해 전체를 돌아보곤 합니다.

주님의 기도는 여기에서 우리를 도와줄 수 있습니다. 우리는 청원들의 순서를 바꾸어 "저희에게 잘못한 이를 저희가 용서하오니 저희 죄를 용서하시고"라는 청원을 먼저 묵상하고, 그다음에는 "저희를 유혹에 빠지지 않게 하시고, 악에서 구하소서"를 묵상할 것입니다.

주님의 기도에서 죄에 대해 이렇게 많은 자리를 할애한다는 것은 놀랍게 보일 수 있습니다. 일곱 가지 청원 가운데 세 가지가 악과 죄에 관한 것입니다.

예수님께서는 우리가 위협받고 나약하고 부조리와 죄 속에서 살고 있음을 알고 계십니다. 그래서 우리가 계속해서 구원되고 그러한 상황에서 보호되어야 한다는 것 또한 아십니다.

모든 공동체도 끊임없이 분열과 대립, 갈등의 위협을 받습니다. 그리고 예수님께서는 그것을 깨닫게 하십니다. 우리가 여기에 놀라는 것은 흔히 주님의 기도를 깊이 이해하지 못했기 때문입니다. 반면 예수님은 거기에 당황하지 않으십니다.

장 바니에(Jean Vanier)의 흥미로운 책 제목이 생각납니다. 《용서와 축제의 장소인 공동체》라는 것이었습니다. 공동체가 용서의 장소라는 것은, 공동체가 죄의 장소이기에 우리가 꾸준히 우리 자신에 대해 용서를 청해야 하고 우리에게 잘못한 이들을 용서해야 한다는 것입니다. 그래서 우리는 이 청원에 마주하게 됩니다. "저희에게 잘못한 이를 저희가 용서하오니 저희 죄를 용서하시고."

이것은 매우 중요한 청원입니다. 우리가 계속해서 죄의 위협을 받기 때문만이 아니라, 예수님의 업적인 하느님의 나라가 무엇보다도 죄에서의 해방이기 때문에 그러합니다. 마태오 복음서에서는, 천사가 요셉에게 예수님을 이렇게 계시합니다. "마리아가 아들을 낳으리니 그 이름을 예수라고 하여라. 그분께서 당신 백성을 죄에서 구원하실 것이다."(마태 1,21) 죄에서 구원하는 것은 그분의 사명에서 필수적이고 본질적인 부분입니다. 그래서 그분께서는 우리에게 잘못한 이를 우리가 용서하듯이 우리 잘못을 용서하십니다.

주님의 기도의 이 청원에 대하여 먼저 독서lectio로 머물고 이어서 그 청원에서 우리에게 시사하는 태도들을 고찰합시다.

갚을 수 없는 빚

한 마디 한 마디를 살펴봅시다.

- 루카 복음서의 저자는 더 일반적인 단어를 사용했습니다. "저희의 죄를 용서하시고."(루카 11,4) 그러나 마태오 복음서에서는 더 오래되고 드물며 원래 표현인 "저희 잘못을 용서하시고(직역: 저희 빚을 사해 주시고)"라는 표현을 사용합니다.

히브리어 성경이나 그리스어 성경에는 죄, 악행, 불순종을 지칭하는 단어들이 많습니다. 여기에서는 빚이라는 개념을 선택하는데, 그 이유는 무엇일까요?

여기서 '빚'이란 은유적인 개념입니다. 돈으로 진 빚을 말하는 게 아니기 때문입니다. 아마도 빚이라는 개념은 관계적일 것입니다. 죄의 개념은 법에만 연관된 것으로 생각할 수도 있습니다. 법이 있고, 그것을 어기는 죄가 있습니다. 계명이 있고, 계명을 벗어나는 것이 있습니다. 하지만 빚은 어떤 사람과의 관계를 가리킵니다. 예수님께서는 빚이라고 말씀하시면서 우리에게, 그것이 단순히 우리의 일탈이나 위반, 실수, 불법 행위가 아니라 그분과의 관계를 깨뜨리는 것임을 상기시키십니다.

그래서 이 단어는 매우 중요하다고 생각합니다. "죄"라고 번역해도 맞지만, 그 죄가 하느님과의 관계를 깨뜨리는 것이라는 의미를 이해해야 합니다.

- "저희 죄를 용서하시고." 우리는 이 빚을 갚을 능력이 없음을 고백합니다. 내가 빚이 있지만 언젠가 갚겠다고 말할 수도 있을 것입니다. 하지만 우리가 하느님께 진 빚은 결코 갚을 수 없습니다.

마태오는 매정한 종의 비유에서 이를 분명하게 표현합니다. "그러므로 하늘나라는 자기 종들과 셈을 하려는 어떤 임금에게 비길 수 있다. 임금이 셈을 하기 시작하자 만 탈렌트를 빚진 사람 하나가 끌려왔다. 그런데 그가 빚을 갚을 길이 없으므로, 주인은 그 종에게 자신과 아내와 자식과 그 밖에 가진 것을 다 팔아서 갚으라고 명령하였다. 그러자 그 종이 엎드려 절하며, '제발 참아 주십시오. 제가 다 갚겠습니다.' 하고 말하였다. 그 종의 주인은 가엾은 마음이 들어, 그를 놓아주고 부채도 탕감해 주었다."(마태 18,23-27) 처음에 주인은 종에게 자신을 팔 것을 요구하지만, 나중에는 자비를 간청하는 것을 들어주고 빚을 탕감해 줍니다.

주님의 기도는 우리가 이렇게 하느님 앞에 서 있는 것을 전제합니다. 우리는 갚을 수 없는 빚을 지고 있습니다. 우리는 사랑의 관계를 깨뜨렸고, 그 관계가 우리에게 무상으로 다시 주어지지 않는다면 우리의 힘으로는 그것을 회복시킬 수가 없습니다. "저희 죄를 용서하시고"는 참으로 핵심적인 청원입니다. 우리는 우리의 빚이 얼마인지도 알지 못합니다. 비유는 우리에게 만 탈렌트라고 말하지만, 주님께서 우리를 위하여 베푸신 것에, 영원에서 우리를 끌어안으시고 돌보시고 원하시고 지탱하신 사랑에 비긴다면 우리의 빚은 계산할 수도 없고, 그분께서 다시 무상으로 그 빚을 탕감해 주지 않으신다면 그것을 갚을 길도 없습니다.

아버지와 같이 완전하게

"저희 잘못을 용서하시고."(마태 6,12) 루카는 같은 단어를 사용합니다. "저희에게 잘못한 모든 이를 저희도 용서하오니."

주석 학자들은 이 말을 덧붙이는 것에 당황합니다. "저희 잘못을 용서하시고"는 단순한 형태로 되어 있지 않은 유일한 요청입니다. 다른 모든 청원들은 단순합니다. 아버지의 이름이 거룩히 빛나시고, 아버지의 나라가 오시고, 아버지의 뜻이 이루어지고, 우리에게 양식을 주소서. 그런데 여기에서는 기도의 일관된 도식을 깨뜨립니다. 그래서 주석 학자들은 이것이 정말 예수님께서 가르쳐 주신 본래의 기도에 속하는 부분인지 의문을 갖습니다. 하지만 모든 것이, 그것이 본래의 기도에 속함을 알게 해 줍니다. 또한 이것은 예수님께서 조건을 붙이시는 유일한 청원으로서, 우리를 참여하게 합니다.

그리스어 본문은 매우 이상한 표현을 사용하는데, 주석 학자들은 이 점에 관해 토론합니다. "호스 카이 헤메이스 아페카멘 토이스 오페레타이스 헤몬hos kai hemeis 'aphékamen' tois opheletáis hemòm", 즉 "저희에게 잘못한 이를 저희도 용서하였듯이"라는 것입니다.

마치, 먼저 우리가 용서를 해야 하고 그다음에 용서를 청할 수 있는 것처럼 보입니다. 사실 주석 학자들은 보통 이 표현을 누그러뜨리고, 아페카멘aphékamen이 현재를 나타내는 완료형이라고 말하면서 우리가 "늘 용서하듯이"라고 말합니다. 그렇다 하더라도 그 연관은 매우 밀접합니다.

이 기도는 무엇을 전제할까요? 그것은 다툼이 있고 분열된 공동체, 서로에게 잘못을 범하는 공동체를 전제합니다. 서로의 기대가 어긋나고, 불평이 있고 실망이 있는 공동체를 전제합니다. 앞서 말한 바와 같이 이 기도는 아주 강해서, 산상 설교에서 주님의 기도에 대한 유일한 설명은 기도 끝에 첨가된 이 부분밖에 없습니다. "너희가 다른 사람들의 허물을 용서하면, 하늘의 너희 아버지께서도 너희를 용서하실 것이다. 그러나 너희가 다른 사람들을 용서하지 않으면, 아버지께서도 너희의 허물을 용서하지 않으실 것이다."(마태 6,14-15) 이것은 절대적인 조건으로써, 아버지께서 우리가 가난하고 약하며, 쉽게 서로에게 잘못한다는 것을 알고 계시다는 사실을 강조합니다. 그분께서는 당신의 용서에 언제나 우리의 용서가 함께하도록 확인하려 하십니다. 마태오 복음서 18장의 비유에서도 우리에게 가르쳐 주듯이, 우리는 하느님에게서 많은 용서를 받았고 적어도 다른 이들에게 우리가 겪은 작은 잘못들을 용서하는 행동을 하도록 부름을 받고 있습니다. "그런데 그 종이 나가서 자기에게 백 데나리온을 빚진 동료 하나를 만났다. 그러자 그를 붙들어 멱살을 잡고 '빚진 것을 갚아라.' 하고 말하였다. 그의 동료는 엎드려서, '제발 참아 주게. 내가 갚겠네.' 하고 청하였다. 그러나 그는 들어주려고 하지 않았다. 그리고 가서 그 동료가 빚진 것을 다 갚을 때까지 감옥에 가두었다.

동료들이 그렇게 벌어진 일을 보고 너무 안타까운 나머지, 주인에게 가서 그 일을 죄다 일렀다. 그러자 주인이 그 종을 불러들여 말하였다. '이 악한 종아, 네가 청하기에 나는 너에게 빚을 다 탕감해 주었다. 내가 너에게 자비를 베푼 것처럼 너도 네 동료에게 자비를 베풀었어야 하지 않느냐?' 그리고 나서 화가 난 주인은 그를 고문 형리에게 넘겨 빚진 것을 다 갚게 하였다. 너희가 저마다 자기 형제를 마음으로부터 용서하지 않으면, 하늘의 내 아버지께서도 너희에게 그와 같이 하실 것이다."(마태 18,28-35)

이것은 분명 매우 어려운 요청입니다. 그리스도교 백성인 우리는 흔히 그 의미를 잘 깨닫지 못하면서 이 기도를 합니다. 하지만 그것은 매우 많은 것을 의미합니다. 그것은 크고 어렵고 때로는 영웅적인 행동인 무상의 용서를 약속하는 것입니다. 예수님께서도 산상 설교에서 말씀하셨습니다. "그러므로 네가 제단에 예물을 바치려고 하다가, 거기에서 형제가 너에게 원망을 품고 있는 것이 생각나거든, 예물을 거기 제단 앞에 놓아두고 물러가 먼저 그 형제와 화해하여라. 그런 다음에 돌아와서 예물을 바쳐라."(마태 5,23-24) 불같은 말씀입니다. 성찬을 거행할 때마다 우리를 당황하게 하는 말씀입니다. 우리에게 원망을 품은 사람이 정말 없는지, 혹시 용서의 한 걸음을 행하지 못한 경우가 없는지 결코 자신 있게 말할 수 없기 때문입니다.

예수님의 요구는 무섭습니다. 우리는 누가 나에게 원망을 품고 있다면 그 사람이 알아서 해야 한다고 생각하려 합니다. 그런데 주님께서는, 다른 사람이 우리에게 원망을 품지 않도록 우리가 할 수 있는 모든 것을 하라고 말씀하십니다.

다음 말씀도 몹시 어렵습니다.

"'눈은 눈으로, 이는 이로.' 하고 이르신 말씀을 너희는 들었다. 그러나 나는 너희에게 말한다. 악인에게 맞서지 마라. 오히려 누가 네 오른뺨을 치거든 다른 뺨마저 돌려 대어라. 또 너를 재판에 걸어 네 속옷을 가지려는 자에게는 겉옷까지 내주어라. 누가 너에게 천 걸음을 가자고 강요하거든, 그와 함께 이천 걸음을 가 주어라. 달라는 자에게 주고 꾸려는 자를 물리치지 마라.

'네 이웃을 사랑해야 한다. 그리고 네 원수는 미워해야 한다.'고 이르신 말씀을 너희는 들었다. 그러나 나는 너희에게 말한다. 너희는 원수를 사랑하여라. 그리고 너희를 박해하는 자들을 위하여 기도하여라. 그래야 너희가 하늘에 계신 너희 아버지의 자녀가 될 수 있다. 그분께서는 악인에게나 선인에게나 당신의 해가 떠오르게 하시고, 의

로운 이에게나 불의한 이에게나 비를 내려 주신다."(마태 5,38-45)

우리는 예수님께서 이렇게 강조하시는 이유를 압니다. 그것은 아버지께서 그렇게 행하시고, 하느님께서 그러하시고, 그럼으로써 영광을 받으시기 때문입니다. "그러므로 하늘의 너희 아버지께서 완전하신 것처럼 너희도 완전한 사람이 되어야 한다."(마태 5,48)

중대한 악을 겪었거나 깊은 불의를 당하고 오랫동안 원망을 품는 사람들이 있습니다. 복음의 영웅적 행위는 쉽지 않습니다. 하지만 그것을 사는 것은 가능합니다. 저는 이스라엘에서, 한 히브리인 어머니에게서 시작된 단체 하나를 알게 되었습니다. 그 어머니의 딸은 14세에 이미 평화 시위에 참여했고, 16세 때에 테러범에게 살해되었습니다. 어머니는 엄청난 고통을 겪은 다음, 나의 고통이 이렇게 크니 나는 다른 사람의 고통을 이해해야 한다고 말했습니다.

그렇게 해서 테러와 전쟁에 의해 살해된 친척이나 형제나 자녀나 부모를 가진 히브리인과 아랍인 가족들의 단체가 생겨났습니다. 이들은 서로 다른 사람의 고통을 함께하고 화해를 향해 함께 걸어가기 위하여 만났습니다.

이러한 길은 세상과 동떨어진 것으로 보일 수 있습니다. 하지만 교도소들을 방문했던 제 경험도, 이 규칙이 형법과 민법 체계에도 영향을 미칠 수 있다는 확신을 갖게 했습니다. 오늘날 모든 나라에서는 순전히 보상적 또는 처벌적 정의를 극복하기 위하여 화해, 보상, 복구의 형태들을 찾고 있습니다. 그렇지 않으면 악은 더 증가하고, 교도소는 사람들에게 더 많은 악을 저지르기를 가르쳐 사람들을 더 악화시키게 됩니다. 예를 들어 그러한 형태들은 남아프리카에서 이미 실행되었는데, 거기에서는 평화, 진리, 화해를 위한 위원회가 구성되어 이를 위한 특별한 행동들을 촉진시켰습니다.

그러므로 "저희에게 잘못한 이를 저희가 용서하오니 저희 죄를 용서하시고"라는 주님의 기도의 청원은 우리 각자에게 밀접하게 연관됩니다.

이 청원은 어떤 내적 자세들을 수반합니까?

무한히 나를 사랑하시고 나를 예수님과 하나가 되게 하고자 하시는, 당신 자신을 온전히 나에게 주고자 하시는 아버지 앞에 서 있음을 느끼는 것입니다.

나의 죄와 부족함은 사랑하지 못한 것으로, 사랑을 주지 못하고 갚지 못하고 교환하지 못한 것으로 간주하는 것입니다.

복수형으로 기도하면서, 나를 모든 죄인들과 연결시키는 것입니다. "저희 죄를 용서하시고"라는 말로, 우리는 인류 전체의 죄와 연대합니다.

더 나아가서 진심으로 용서하고자 하고, 그보다 더 어려운 것 즉 합당하게 내가 기대할 수 있었던 것을 나에게 주지 않았던 이들을 용서하고자 합니다. 이러한 자세는 부모와 자녀, 형제 등 가족에도 해

당되고 우정과 공동체의 관계들에도 해당됩니다.

이것은 복음의 특징적인 가르침으로써, 신약 성경의 서간들에서도 나타납니다.

"모든 원한과 격분과 분노와 폭언과 중상을 온갖 악의와 함께 내버리십시오."(에페 4,31) 원한은 나에게 잘못한 사람에게 화를 내는 것입니다. 분노는 기대했던 것이 나에게 주어지지 않을 때 생겨납니다. 폭언은 내가 만족하지 않았기 때문입니다. "서로 너그럽고 자비롭게 대하고, 하느님께서 그리스도 안에서 여러분을 용서하신 것처럼 여러분도 서로 용서하십시오. 그러므로 사랑받는 자녀답게 하느님을 본받는 사람이 되십시오. 그리스도께서 우리를 사랑하시고 또 우리를 위하여 당신 자신을 하느님께 바치는 향기로운 예물과 제물로 내놓으신 것처럼, 여러분도 사랑 안에서 살아가십시오."(에페 4,32-5,2)

이 가르침을 강조하는 수많은 다른 단락들을 더 인용할 수 있을 것입니다.

마르코 복음서의 저자가, 주님의 기도를 전하지 않으면서도 이렇게 말한다는 점은 눈길을 끕니다. "너희가 서서 기도할 때에 누군가에게 반감을 품고 있거든 용서하여라. 그래야 하늘에 계신 너희 아버지께서도 너희의 잘못을 용서해 주신다."(마르 11,25)

이 권고는 예수님의 말씀을 지극히 분명하게 특징짓기 때문에 신약 성경의 모든 층에 들어 있는 것입니다.

진실한 기도

마지막으로, 우리가 묵상한 주님의 기도의 말씀이 제시하는 태도들을 찾아봅시다.

- 첫 번째 태도는 용서를 받았다는 확신입니다. 이 확신은 마땅히 있어야 할 정도보다 드물게 나타납니다. 때로 우리는 삶 안에서, 여러 차례 사죄를 받았는데도 주님께서 아직도 우리에게 풀리지 않은 점들을 지니고 계시리라는 두려움을 품고 살아갑니다. 이것은 사탄의 유혹입니다. 우리가 죄를 고백하면 하느님은 진정으로 우리를 용서하시기 때문입니다.

신약 성경은 우리에게 자주 이를 일깨워 줍니다. 예를 들어 콜로새 신자들에게 보낸 서간 1장 14절에서는 이렇게 말합니다. "이 아드님 안에서 우리는 속량을, 곧 죄의 용서를 받습니다." 그리고 에페소 신자들에게 보낸 서간 1장 6-7절은 이렇게 말합니다. "그리하여 사랑하시는 아드님 안에서 우리에게 베푸신 그 은총의 영광을 찬양하게 하셨습니다. 우리는 그리스도 안에서, 그리스도의 피를 통하여 속량을, 곧 죄의 용서를 받았습니다. 이는 하느님의 그 풍성한 은총에 따라 이루어진 것입니다."

우리는 마음 안에 평화를 지니도록 초대됩니다. 하느님께서 우리를 사랑하시고 우리와 화해하셨기 때문입니다.

- 두 번째 태도로 권고되는 것은, 우리가 겉으로 드러내지는 않

더라도 우리의 마음 깊은 곳에 품는 원한, 환멸, 불평들을 모두 없애기 위한 노력입니다. 우리는 이 모든 것을 없애려고 노력해야 합니다. 산상 설교에서 예수님께서 하시는 말씀을 들읍시다. "남을 심판하지 마라. 그래야 너희도 심판받지 않는다. 너희가 심판하는 그대로 너희도 심판받고, 너희가 되질하는 바로 그 되로 너희도 받을 것이다."(마태 7,1-2)

여기에서는 선하고 호의적인 판단을 요구하는데, 우리는 스스로 선하다고 생각하면서 다른 이들을 엄격한 잣대로 판단하는 가혹함을 지니고 있습니다.

- 세 번째 태도는 하느님의 자비 안으로 들어가는 것입니다. 루카는 이를 매우 강력하게 환기합니다. "너희 아버지께서 자비하신 것처럼 너희도 자비로운 사람이 되어라. 남을 심판하지 마라. 그러면 너희도 심판받지 않을 것이다. 남을 단죄하지 마라. 그러면 너희도 단죄받지 않을 것이다. 용서하여라. 그러면 너희도 용서받을 것이다. 주어라. 그러면 너희도 받을 것이다. 누르고 흔들어서 넘치도록 후하게 되어 너희 품에 담아 주실 것이다. 너희가 되질하는 바로 그 되로 너희도 되받을 것이다."(루카 6,36-38) 다른 말로 하면, 아버지의 자비 안으로 들어간다는 것은 예수님께서 우리를 사랑하신 것처럼 우리가 서로 사랑하는 것을 의미합니다(요한 13,34-35 참조).

이제 성모님의 전구로 우리 안에 이러한 복음적 감정들이 자라나도록 청합시다. 그리하여 우리가 삶의 새로움과 상호적인 발효 작용을 드러내어, 서로 다른 사람들로서 서로 다르게 살면서도 함께 있을 수 있게 되기를 청합시다.

묵상 노트

"내가 세상 끝 날까지 언제나 너희와 함께 있겠다."
(마태 28,20)

3장
악의 그림자가 다가올 때

> 강론

나는 그 일을 하도록 파견된 것이다

물을 주시고 자라게 하시는 분은 하느님

형제 여러분, 여러분에게 이야기할 때, 나는 여러분을 영적이 아니라 육적인 사람, 곧 그리스도 안에서는 어린아이와 같은 사람으로 대할 수밖에 없었습니다. 나는 여러분에게 젖만 먹였을 뿐 단단한 음식은 먹이지 않았습니다. 여러분이 그것을 받아들일 수 없었기 때문입니다. 사실은 지금도 받아들이지 못합니다. 여러분은 아직도 육적인 사람입니다. 여러분 가운데에서 시기와 싸움이 일고 있는데, 여러분을 육적인 사람이 아니라고, 인간의 방식대로 살아가는 사람이 아니라고 할 수 있습니까? 어떤 이는 "나는 바오로 편이다." 하고 어떤 이는 "나는 아폴로 편이다." 하고 있으니, 여러분을 속된 사람이 아니라고 할 수 있습니까? 도대체 아폴로가 무엇입니까? 바오로가 무엇입니까? 아폴로와 나는 주님께서 우리 각자에게 정해 주신 대로, 여러분을 믿음으로 이끈 일꾼일 따름입니다. 나는 심고 아폴로는 물을 주었습니다. 그러나 자라게 하신 분은 하느님이십니다. 그러나 심는 이나 물을 주는 이는 아무것도 아닙니다. 오로지 자라게 하시는 하느님만이 중요합니다. 심는 이나 물을 주는 이나 같은 일을 하여, 저마다 수고한 만큼 자기 삯을 받을 뿐입니다. 우리는 하느님의 협력자고, 여러분은 하느님의 밭이며 하느님의 건물입니다.(1코린 3,1-9)

코린토 신자들에게 보낸 첫째 서간도 이미 우리에게는 너무 높고 어렵게 보이는데 바오로 사도는 그것을 육적이라고 말한다면, 그가 영적인 사람들에게 말할 때 어떤 언어를 사용할 것인지를 묻게 됩니다. 이 말은 하느님 나라의 신비에는 아직 우리가 이해하지 못한 것이 많이 남아 있음을 뜻합니다. 사도의 표현을 빌리면 이 말들은 영적인 이들을 위한 "단단한 음식"은 아닙니다. 하지만 우리가 그 말씀을 어느 정도라도 이해할 수 있다면 그것은 주님께 감사를 드릴 일입니다.

우리가 앞의 묵상에서 이미 보았고 이해되도록 초대되는 첫 말씀은, 공동체들 안에 분열이 있다는 점입니다. 바오로 사도의 공동체에도 분열이 있었습니다. 바오로, 아폴로, 케파 등 위대하고 거룩한 인물들도 그러했으니 우리는 놀라지 않아야 합니다.

언젠가, 공동체를 시험하는 유토피아라는 주제로 피정 지도를 한 일이 있었습니다. 저는 코린토 신자들에게 보낸 첫째 서간에서 바오로 사도의 유토피아, 그가 생각하는 이상적 공동체와 성적인 무질서, 신자들의 분열, 예식과 성찬 집회에서의 무질서 문제가 나타나는 공동체의 현실 사이의 관계를 지적하면서 그 서간을 설명했습니다.

첫 공동체들이 분명 그러했듯, 열렬하고 강하고 영적이고 자유로우면서도 동시에 괴로움이 많은 그리스도교가 있을 수 있다는 점이 분명히 드러납니다. 이것은 우리를 놀라게 하고, 이를 이해하고 받아들이기 위해서는 시간이 필요합니다.

저는 과거에 수도원 내부의 분열을 매우 엄격하게 판단했습니다. 어떤 이들은 그 분열 때문에 새로운 경험을 시작하기 위해 다른 곳으로 옮겨 가기도 했습니다. 저에게 그 모든 것은 너무 모순되고, 복음적이 아니라는 생각이 들었습니다. 하지만 곧 위대한 수도원과 수도회의 역사에서 많은 부분이 분열과 갈등, 분파, 분리로 이루어져 있음을 알게 되었습니다.

우리는 육적입니다. 우리는 나약합니다. 이것을 인정하고, 걸려 넘어지지 않고 받아들여야 합니다.

그렇다고 해서, 예수님께서 우리에게 말씀하셨고 그것을 위해 기도하신(요한 복음서 17장 참조) 형제적 친교를 살기 위해서 힘을 다해 노력할 필요가 없다는 것은 아닙니다. 그렇지만, 우리가 어느 정도의 갈

등을 지니고 있는 공동체 안에서 일치를 이루도록 부름받는 것임을 아는 것은 중요합니다. 그것을 인정한다면, 우리는 복될 것이며 지나치게 불안해하지 않을 것입니다. 긍정적으로 목적을 갖고 행동할 것이고, 우리 자신의 노력이나 아폴로 또는 케파의 노력이 중요한 것이 아님을 배울 것입니다. 물을 주고 자라게 하시는 분은 하느님이시기 때문입니다.

공동체 안에서 선한 모든 것은 아버지에게서 옵니다. 작은 봉사들을 하면서 수많은 분열과 불화로 많은 이들의 발을 밟지만, 행하시고 구원하시는 분은 그분이십니다.

그리고, 주님께서 우리의 가난함에서 출발하여 우리를 구원하신다는 것은 놀랍습니다. 그래서 우리의 죄도 우리에게 계속해서 용서를 청하게 합니다("저희에게 잘못한 이를 저희가 용서하오니 저희 죄를 용서하시고"). 그렇다고 해서 이 길이 여기서 종결된다고 기대하는 것은 아닙니다. 내일도 우리는 또 새로운 잘못을 범하고, 또 우리에게 잘못하는 이들도 있을 것이기 때문입니다.

이것이 인간의 삶입니다. 그 삶은 이렇게 하여 완성되고 정화되고 말끔해집니다. 우리는 신뢰와 자비를 길러야 하고, 우리 공동체들과 우리 자신의 부족하고 보잘것없는 사건들을 통하여 하느님의 계획을 읽어 낼 수 있는 능력을 길러야 합니다.

파견

예수님께서는 회당을 떠나 시몬의 집으로 가셨다. 그때 시몬의 장모가 심한 열에 시달리고 있어서, 사람들이 그를 위해 예수님께 청하였다. 예수님께서 그 부인에게 가까이 가시어 열을 꾸짖으시니 열이 가셨다. 그러자 부인은 즉시 일어나 그들의 시중을 들었다.

해 질 무렵에 사람들이 갖가지 질병을 앓는 이들을 있는 대로 모두 예수님께 데리고 왔다. 예수님께서는 한 사람 한 사람에게 손을 얹으시어 그들을 고쳐 주셨다. 마귀들도 많은 사람에게서 나가며, "당신은 하느님의 아드님이십니다." 하고 소리 질렀다. 그러나 예수님께서는 꾸짖으시며 그들이 말하는 것을 용납하지 않으셨다. 당신이 그리스도임을 그들이 알고 있었기 때문이다. 날이 새자 예수님께서는 밖으로 나가시어 외딴곳으로 가셨다. 군중은 예수님을 찾아다니다가 그분께서 계시는 곳까지 가서, 자기들을 떠나지 말아 주십사고 붙들었다. 그러나 예수님께서는 그들에게 말씀하셨다. "나는 하느님 나라의 기쁜 소식을 다른 고을에도 전해야 한다. 사실 나는 그 일을 하도록 파견된 것이다." 그러고 나서 예수님께서는 유다의 여러 회당에서 복음을 선포하셨다.(루카 4,38-44)

복음은 예수님의 삶에서 본보기가 되고 강령과도 같은 순간을 보여 줍니다. 그분께서는 병자들을 불쌍히 여기시고 베드로 사도의 장모와 다른 많은 이들을 고쳐 주십니다. 그분은 마귀가 당신에 대해 말하지 못하게 하십니다. 증언은 믿지 않는 이에게서 오는 것이 아니라 마음에서, 믿음에서 나와야 하기 때문입니다. 날이 새자 그분은 기도하러 물러가십니다. 루카는 기도에 대해 자주 언급하면서도 여기서 예수님께서 기도하러 외딴곳으로 갔다고는 말하지 않는다는 점이 저에게는 언제나 눈에 띄는데, 마르코는 광야를 언급하고(1,35 참조) 아마도 루카는 그것을 전제하는 것으로 보입니다.

어쨌든 우리는 예수님의 자유로운 행동에 탄복합니다. 사람들이 그분을 찾고, 그분을 붙잡으려 하고, 그분을 독차지하려 합니다. 그러나 그분은 모든 이들을 위한 분이시고, 모든 이들을 위한 사명을 지니고 계십니다.

"나는 그 일을 하도록 파견된 것이다."라는 말씀에 잠시 머물고자 합니다. 그것이 우리의 힘이기 때문입니다. 우리가 유혹과 오해, 수치, 괴로움에 직면해야 할 때 "나는 그 일을 하도록 파견된 것이다."라고 말해야 합니다. 내가 신부로서 여기에 있는 것은, 바오로 사도가 말하듯이 그리스도의 몸인 교회를 위하여 나의 고통으로 그리스도의 고통에 참여하기 때문입니다(콜로 1,24 참조).

이렇게 교회의 고통에, 교회를 위한 고통에 참여하는 것에 대해서도 주님께 감사를 드립시다.

묵상 5
저희를 유혹에 빠지지 않게 하시고

오소서, 성령님. 저희 마음을 성령으로 가득 채우시어 저희 안에 사랑의 불이 타오르게 하소서.

성령님, 저희가 처음에 했던 말을 기억하게 해 주십시오. 피정은 성령께서 하시는 직무이고, 우리 안에서 활동하시는 분은 당신이심을 기억하게 해 주십시오. 저희를 당신께, 당신의 감도에, 당신의 위로에, 그리고 당신의 침묵에 이끌어 주십시오. 저희에게 당신께서 깨닫게 해 주시는 하느님의 뜻을 받아들이도록 온전히 열린 마음을 주십시오.

당신께서는 그러한 뜻을 표현하는 데 저희의 약함을, 특히 저의 약함을 보십니다. 저희 각자가 하느님의 뜻에 맞는 것을 행할 수 있도록 당신에게서 감화를, 힘을, 기쁨을, 분명함을 받게 해 주십시오.
예수님의 어머니이신 성모님, 피정의 수호자로서 이 길에서 저희를 도와주십시오.

무질서와 허영 살피기

오늘 묵상에서는 "저희를 유혹에 빠지지 않게 하시고"라는 청원에 관한 몇 가지 묵상을 제시하고자 합니다.

이냐시오 데 로욜라 성인의 영신 수련에서 첫째 주간인 정화의 주간은 죄에만 관련된 것이 아님을 기억하는 것이 좋습니다. 이에 관해서, 앞에서 이미 설명한 것을 다시 기억해 봅시다. 주님의 기도에는 "빛"이라는 단어가 들어 있는데 이것은 성부, 성자, 성령과의 인격적 관계의 전망 안에 자리하는 단어입니다.

이냐시오 데 로욜라 성인은 죄들의 정화에 대해서만 말하는 것이 아니라 63항에서 먼저 성모님과, 그다음에 예수님 그리고 하느님 아버지와 하는 세 가지 중요한 대화에서 세 가지 은총을 청합니다. 본문을 읽겠습니다.

"제1담화는 성모님께 하는데, 다음 세 가지를 위해 당신 아드님인 주님의 은총을 전구해 주시도록 청한다. 첫째, 내 죄들에 대한 내적 인식과 혐오감(이것은 우리가 보통 묘사하는 참회의 길입니다)."*

"둘째, 내 행동의 무질서함을 느낌. 이를 지겨워하고 개과천선하여 질서를 회복하기 위함이다."* 그런 다음 이냐시오 데 로욜라 성인은 우리에게, 행위의 무질서라는 관점에서 자신의 삶을 고찰하도록 권고합니다. 무질서란 꼭 형상적 죄 특히 대죄는 아니라 하더라도 우리가 창조된 목적에 부합하지 않는 모든 것이고, 그래서 우리의 삶 안에 어떤 무질서하고 불분명함을 던져 놓는 것입니다. 무질서는 죄에 이르지는 않더라도 우리 자신, 우리의 편안함, 취향, 욕구를 만족시키기 위하여 행하게 되는 행동을 뜻합니다.

"셋째, 세상에 대한 깨달음. 이로써 세속적이고 헛된 것들을 미워하고 떨쳐 버리려는 것이다."* 허영은 덧없는 생활 방식이고 성공, 명예, 다른 이들의 인정을 추구하는 생활 방식입니다. 그것은 형상적 죄는 아니더라도, 내적 삶의 가르침을 망쳐 놓습니다.

둘째와 셋째 대화에서는 "이와 똑같이 성자께 하는데, 성부께로부터 이런 은총을 얻어 주시라는 것이다."* 그리고 "이와 똑같이 성부께 하는데, 영원하신 주님께서 내게 이것을 허락해 주시기를 청하는 것이다."*

그러므로 자신을 성찰할 때에는 형상적 죄들과 더불어, 우리 일상 행위의 많은 부분을 차지하고, 그 행위를 억누르고 어둡게 하며, 덜 즐겁고 더 답답하고 덜 열정적이고 덜 관대하게 하는 무질서와 허영도 살펴야 합니다.

이 모든 것은 유혹이라는 주제와도 연관됩니다. 유혹들은 정신을 억누르는 것입니다. 이제 주님의 기도에서 "저희를 유혹에 빠지지 않게 하시고"라는 청원의 의미를 간략하게 살펴보겠습니다.

유혹의 체험

이 청원의 형식에는 걸림돌이 되는 면이 조금 있습니다. 교회는 여러 세기 동안 걸림돌로 보이는 그 표현과 싸워 왔고, 계속해서 그것을 다시 말하고 표현하려고 했습니다.

예를 들어 암브로시오 성인은 "우리가 유혹에 떨어지도록 허락하지 마소서."라고 번역했습니다. "유혹에 빠지게 하지 마소서"라는 것은 사실 매우 어려운 말입니다. 하느님께서 직접 악으로 유혹하시는 것으로 보이기 때문입니다. 이탈리아 주교회의는 그 표현이 조금 부드럽게 바뀌기를 원했습니다. 그래서 성경을 새로 번역하며 "우리를 유혹 속에 버려두지 마소서."로 대체하기 위하여 온갖 노력을 했습니다.

어쨌든 주님의 기도가 유혹에 자리를 할애하고 그것을 특수한 청원의 대상으로 삼는다는 점은 분명합니다. 죄와 서로 간의 용서에 대해 말한 다음에 다시 유혹에서 벗어나는 것에 대한 기도가 있다는 점은 당황스러울 수도 있습니다.

실제로 유혹은 그리스도인의 체험에서 중요한 부분이고, 거의 매일 겪기도 합니다. 예수님께서는 사도들에게 말씀하시며 우리에게 이를 일깨워 주셨습니다. "유혹에 빠지지 않도록 깨어 기도하여라. 마음은 간절하나 몸이 따르지 못한다."(마태 26,41) 그분 자신도 슬픔과 두려움의 유혹을 받으셨습니다(마태 26,37-38 참조).

그러나 그분은 당신의 공생활을 바로 광야에서 사탄의 유혹을 겪음으로써 시작하고자 하셨습니다. 공관 복음서들이 이를 전해 줍니다. "그때에 예수님께서는 성령의 인도로 광야에 나가시어, 악마에게 유혹을 받으셨다."(마태 4,1; 마르 1,12-13; 루카 4,1-2 참조) 다른 심한 유혹들도 겪으셨는데, 예를 들면 베드로 사도의 고백 후에는 그를 "사탄"이라고 부르십니다(마태 16,23; 마르 8,33 참조). 예수님께서는 베드로 사도의 말이("맙소사, 주님! 그런 일은 주님께 결코 일어나지 않을 것입니다.") 큰 유혹임을 느끼셨습니다.

예수님께서는 베드로 사도 자신에 대해서도 유혹을 말씀하십니다. "시몬아, 시몬아! 보라, 사탄이 너희를 밀처럼 체질하겠다고 나섰다."(루카 22,31) 베드로 사도만이 아니라 모든 이들을 뒤흔들어 공포에 빠지게 하고, 그들을 유혹하려 한다는 말씀입니다. "그러나 나는 너의 믿음이 꺼지지 않도록 너를 위하여 기도하였다. 그러니 네가 돌아오거든 네 형제들의 힘을 북돋아 주어라."(루카 22,32) 그분께서는 사도들이 겪을 심한 유혹을 예견하시고, 베드로 사도가 믿음을 간직하면서도 넘어질 것과 그다음에 돌아와 형제들을 굳건하게 해 줄 것을 내다보십니다. 유혹이 그리스도인 삶의 중요한 한 부분이라면, "저희를 유혹에 빠지지 않게 하시고" 또는 "저희가 유혹에 떨어지도록 허락하지 마시고" 또는 "저희를 유혹 속에 버려두지 마시고"가 무엇을 의미하는지를 이해해 봅시다.

유혹의 다섯 종류

무엇보다 먼저, "빠지게 하지 마시고"는 하느님께서 악으로 유혹하신다는 뜻이 아니라 유혹을 우리 체험의 일부로서 허락하신다는 뜻임이 분명합니다. 유혹은 믿음, 희망, 사랑에서 성장하기 위하여 어떤 식으로 우리에게 필요합니다.

물론 그것은 유혹자인 사탄이 우리를 넘어지게 하려고 애쓰는 올가미입니다. 우리는 매우 현실적이고 위험한 이 올가미에서 벗어나게 되기를 청합니다. 우리가 유혹을 피하고자 한다면 그 유혹은 우리 곁을 스치고 지나갑니다.

어떤 유혹을 말하는 것일까요?

주석 학자들은 오랫동안 토론을 했습니다. 주님의 기도를 종말론적으로 해석하는 이들은 여기에서 탁월한 의미의 유혹인 종말론적 유혹을 말한다고 여깁니다. 그 유혹은 시간의 종말에 관련되고, 그들은 그 종말이 가깝다고 생각합니다. 신약 성경이 이를 말해 줍니다. 예를 들어 테살로니카 신자들에게 보낸 둘째 서간을 읽어 봅시다. "그러면 그 무법자가 나타날 터이지만, 주 예수님께서는 당신의 입김으로 그자를 멸하시고 당신 재림의 광채로 그자를 없애 버리실 것입니다. 그 무법자가 오는 것은 사탄의 작용으로, 그는 온갖 힘을 가지고 거짓 표징과 이적을 일으키며, 멸망할 자들을 상대로 온갖 불의한 속임수를 쓸 것입니다. 그들이 진리를 사랑하여 구원받는 것을 거부하였기 때문입니다. 그러므로 하느님께서는 그들에게 사람을 속이는 힘을 보내시어 거짓을 믿게 하십니다. 진리를 믿지 않고 불의를 좋아한 자들이 모두 심판을 받게 하시려는 것입니다."(2테살 2,8-12) 마지막 유혹에 대한, 사탄이 풀려나는 것에 대한 두려운 말씀입니다.

마태오 복음서에서도 종말론적 설교에서 이를 말합니다. "거짓 예언자들이 많이 나타나 많은 이를 속일 것이다. 또 불법이 성하여 많은 이의 사랑이 식어 갈 것이다."(마태 24,11-12)

이 신비로운 위협은 참으로 존재합니다. 신자는 마땅히 그 위협에서 해방되고 보호되고 구원되고 지켜지기를 청합니다.

오늘날 많은 이들은 이러한 종말론적 해석을 지지하지 않고, 주님의 기도의 표현이 신자의 삶을 구성하는 유혹들을 가리키는 것으로 봅니다. 그런 유혹들은 무수히 많습니다.

저는 다섯 가지를 언급할 것이고, 그럼으로써 주님께서 허락하시는 시험들에 따라 우리 각자에게 일어날 수 있는 다양한 다른 유혹들을 성찰하도록 돕고자 합니다. 그 다섯 가지는 현혹, 모순, 환상, 하느님의 침묵, 예수님의 무의미함입니다.

- 현혹. 현혹은 육욕, 질투, 교만, 막강한 권력, 잔인함, 복수, 폭력과 같이 악으로서 나타나는 악에 대하여 매력을 느끼는 것입니다(우리가 악에 동의하는 것은 그 악이 어떤 점에서 선으로 보이기 때문이기는 합니다).

때로 현혹은 너무 강해서, 사탄이 우리 안에 들어와서 정신과 몸에 침입하는 것으로 보입니다. 그래서 전에는 상상도 하지 않았던 사악한 행동을 할 위험이 있습니다. 우리는 이런 것들을 조심해야 하는데, 그것은 비교적 쉽습니다. 육욕, 무질서한 성, 포르노, 질투, 악담, 복수, 난폭함, 큰 해를 입히는 거짓말, 절도와 같은 악에 대한 것이기 때문입니다. 이 모든 것은 인간 체험의 한 부분입니다.

마르코 복음서에는 그러한 일탈들이 잘 정리된 목록이 들어 있습니다. 저는 그것이 예비 신자를 위한 윤리 신학의 요약 역할을 했던 것으로 생각합니다. 예비 신자에게는 양심을 깊이 성찰하고 자신에게 더 유혹이 되는 결점이나 악습들을 말하도록 초대되었습니다.

"예수님께서 군중을 떠나 집에 들어가시자, 제자들이 그 비유의 뜻을 물었다. 예수님께서 그들에게 대답하셨다. '너희도 그토록 깨닫지 못하느냐? 밖에서 사람 안으로 들어가는 것은 무엇이든 그를 더럽힐 수 없다는 것을 알아듣지 못하느냐? 그것이 마음속으로 들어가지 않고 배 속으로 들어갔다가 뒷간으로 나가기 때문이다.' 예수님께서는 이렇게 모든 음식이 깨끗하다고 밝히신 것이다. 또 이어서 말씀하셨다. '사람에게서 나오는 것, 그것이 사람을 더럽힌다. 안에서 곧 사람의 마음에서 나쁜 생각들, 불륜, 도둑질, 살인, 간음, 탐욕, 악의, 사기, 방탕, 시기, 중상, 교만, 어리석음이 나온다. 이런 악한 것들이 모두 안에서 나와 사람을 더럽힌다.'"(마르 7,17-23)

우리는 자신의 마음에 질문하도록 초대됩니다. "이런 악한 것들이" 모두 우리 안에, 우리의 잠재의식이나 무의식 안에도 들어 있고, 기회가 주어지지 않는다면 쉽게 터져 나오지 않기 때문입니다.

여기에서 아홉 가지 의도, 아홉 가지 악행은 세 가지씩 셋으로 구분된다는 것을 알아볼 수 있습니다.

가장 명백하게 드러나는 것은 처음의 것들입니다. 불륜, 도둑질, 살인입니다.

다음 세 가지인 간음, 탐욕, 악의는 더 그늘에 숨겨져 있습니다.

마음 안에 더 들어가 있는 것은 사기, 방탕, 시기입니다.

마지막으로 중상, 교만, 어리석음이 있습니다. 이들은 더 "교회적"이라고 할 수 있습니다. 흔히 교회의 정원이나 텃밭을 망쳐 놓기 때문입니다.

이런 것들이 현혹입니다. 우리가 이들을 고려하고 성찰해야 하는 것은 우리 모두가 그러한 유혹을 받기 때문입니다.

- 두 번째 종류의 유혹은 모순입니다. 모순은 우리가 선을 행하는 데도 사람들이 우리를 비판하고, 방해하고, 발을 묶고, 놀리고, 가로막을 때에 겪습니다. 그때 우리는 깊은 인내와 항구함, 그리고 겸손이 필요합니다. 흔히 우리의 유혹들은 바로 이런 모순들이고, 그것은 그리스도교 공동체 자체에서, 우리가 가깝다고 생각했던 사람들에게서 옵니다. 그들이 우리에게 관심을 갖고 있다고 생각했지만 실제로는 우리에게 반대하고, 우리를 이해하지 못하고, 조롱하고, 힘 빠지게 합니다.

- 세 번째 종류의 유혹은 환상입니다. 그것은 선으로 보이지만 선이 나오지 않습니다.

이것은 선한 이들에게, 관대한 마음으로 하느님을 섬기는 이들에게 더 흔한 유혹입니다. 예를 들어 마귀는 청빈, 진정성, 진실함이라는 명목으로 고행과 엄격함의 길로 그들을 재촉하고, 그들에게 그릇된 일을 하게 합니다. 그들은 자신들이 뭔가 대단한 인물이라고 상상하지만 그들은 순수함, 엄격함, 복음적 철저함이라는 명분 아래 진실하게 살아가는 가장 일반적인 규칙들을 짓밟고 쉽게 길을 벗어납니다.

이냐시오 데 로욜라 성인은 마귀가 특히 선의 형상으로, 선한 겉모습을 하고 유혹한다고 경고합니다. 악마는 언제나 더 선을 행하도록 우리를 재촉하지만 결국은 아무것도 남지 않게 만들어 놓습니다.

선하게 보이는 지향에서 출발하여 우리 주위에 공허를 만들어 놓고, 공동체를 파괴하고 마는 것입니다.

  – 네 번째인 하느님의 침묵은 매우 심각한 유혹입니다. 하느님의 침묵은 인간에게 "주님, 어찌하여 숨으십니까? 왜 말씀하지 않으십니까?"라고 묻게 합니다. 이것은 히브리 백성이 대학살을 겪으면서 체험한 유혹입니다. 그들은 지금도, 하느님께서 왜 개입하지 않으셨는지를 묻습니다. 이 유혹은 하느님께서 우리에게 오시기를 기대하지만 홀로 버려졌고 기다리던 도움은 오지 않았다고 느낄 때 우리를 사로잡는 유혹입니다.

  하느님의 침묵은 영적 여정에서 많이 진보한 이들이 겪는 유혹이기도 합니다.

  – 마지막 유혹은 어떤 의미에서 네 번째 유혹과 연관되는 것으로, 사회적인 성격을 띱니다. 저는 그것을 그리스도인들이 소수이고 사회적으로 비중을 갖지 못하는 이스라엘에서 분명히 보았습니다. 그러나 그리스도교가 사회적 중요성을 갖고 있지 않거나 잃어가고 있는 서양의 국가들에서도 있는 유혹입니다. 그것은 예수님의 무의미함입니다.

  예수님을 기껏 성탄 나무의 장식으로만 여기는 경제적, 정치적, 문화적 기준에 따라 모든 것이 이루어진다면, 매스컴과 오락, 공공 생활의 영역이 마치 하느님이 계시지 않는 듯이 전개된다면, 많은 그리스도인들은 이중생활을 하게 만드는 이 강한 유혹에 넘어집니다. 그들은 본당에서는 기도하지만, 본당 밖에서는 예수님께서 계시지 않는 듯이 삽니다.

저는 어떤 영적 지도자였던 독일 신부님의 금경축 미사 때, 어떤 사람이 신부로서의 경험에 대해 그 신부님에게 질문한 이야기를 다른 자리에서 한 적이 있습니다.

그 신부님은 사제 생활 50년 동안의 가장 큰 시련은 제2차 세계대전도 나치도 아니고, 오히려 사람들이 교회에서 멀어지고 열심한 그리스도교 공동체가 급속히 소수 집단으로 축소되었던 것이라고 대답했습니다.

이것은 우리가 거쳐 가야 하는 시련입니다. 거기에도 주님께서 계시기 때문입니다. 이 유혹은 더 큰 신앙을 요구합니다. 그래서 저는 늘, 계속해서 신앙을 다시 태어나게 할 거룩한 독서(렉시오 디비나 lectio divina)의 실천이 필요하다고 강조합니다. 매일 하느님의 말씀을 묵상함으로써 이루어지고 또다시 이루어지는 그 내적 풍요로움을 지니고 있다면, 우리는 군대에도 대응할 수 있고 완전한 고독에도 대응할 수 있을 것입니다.

그리스도인의 무의미함을 느끼는 그 위험한 유혹을 어떻게 극복하는지를 더 잘 이해할 수 있도록, 베드로의 첫째 서간을 읽기를 권고합니다. 그 서간은 디아스포라의 조건 속에서, 사회적 소외 속에서 살아가면서 끊임없이 스스로 보잘것없고 아무것도 할 수 없다고 느끼는 유혹을 받던 신자들에게 쓴 편지입니다.

그리고 베드로 사도는 놀랍게도 그들에게 그리스도인이라는 자부심을 되찾게 합니다. 수치, 무의미, 시련, 고통 속에서도 자신이 그리스도인이라는 기쁨을 되찾게 하고, 바로 그 상황에서 복음이 실현되고 하느님 나라가 오며 예수님께서 승리하신다는 것을 보여 줍니다.

죄의 기회를 멀리하기

"저희를 유혹에 빠지지 않게 하시고"라는 청원에 대한 묵상에 한 가지를 덧붙이고 싶습니다.

이렇게 말할 수 있을 것 같습니다. 죄의 용서가("저희 죄를 용서하시고") 우리가 서로 겪은 잘못을 용서하는 것과 연결되어 있듯이("저희에게 잘못한 이를 저희가 용서하오니 저희 죄를 용서하시고"), 원수의 올가미인 유혹에서 지켜 주시는 것도 예수님의 말씀에 따르면 그 기회들을 피하는 것과 연결되어 있습니다. 주님의 기도에서는 그런 말이 없지만, 그러한 의미가 내포되어 있다고 봅니다. "저희를 유혹에 빠지지 않게 하시고"라고 기도하면서 우리 편에서는 죄의 기회를 피하도록 노력하는 것입니다.

또한 그것은 적어도 두 번, 문맥 안에서 매우 강하게 반복됩니다. 먼저 예수님께서는 산상 설교에서 이렇게 말씀하십니다. "네 오른눈

이 너를 죄짓게 하거든 그것을 빼어 던져 버려라. 온몸이 지옥에 던져지는 것보다 지체 하나를 잃는 것이 낫다. 또 네 오른손이 너를 죄짓게 하거든 그것을 잘라 던져 버려라. 온몸이 지옥에 던져지는 것보다 지체 하나를 잃는 것이 낫다."(마태 5,29-30) 그 문맥은 간음과 혼인 생활의 거룩함에 관한 것입니다. "음욕을 품고 여자를 바라보는 자는 누구나 이미 마음으로 그 여자와 간음한 것이다."(마태 5,28)

이것은 유혹을 피하라는 철저한 요구이기에, "저희를 유혹에 빠지지 않게 하시고"라는 청원과 잘 연결됩니다.

같은 말씀이 소위 교회론적 설교라고 하는 18장에서 반복됩니다. 마태오는 이렇게 말합니다. "네 손이나 발이 너를 죄짓게 하거든 그것을 잘라 던져 버려라. 두 손이나 두 발을 가지고 영원한 불에 던져지는 것보다, 불구자나 절름발이로 생명에 들어가는 편이 낫다. 또 네 눈이 너를 죄짓게 하거든 그것을 빼 던져 버려라. 두 눈을 가지고 불타는 지옥에 던져지는 것보다, 한 눈으로 생명에 들어가는 편이 낫다."(마태 18,8-9)

이것은 동일한 구절이 같은 복음의 다른 두 곳에서 똑같이 반복된 매우 드문 경우입니다. 이는 이 말씀이 예수님의 초기 설교에서 매우 중요했음을 의미합니다. 첫 번째 본문의 맥락은 간음과 혼인의 거룩함이었다면, 두 번째 맥락은 작은 이들을 걸려 넘어지게 하는 것입니다. 바로 앞의 구절은 이러합니다. "또 누구든지 이런 어린이 하나를 내 이름으로 받아들이면 나를 받아들이는 것이다. 나를 믿는 이 작은 이들 가운데 하나라도 죄짓게 하는 자는, 연자매를 목에 달고 바다 깊은 곳에 빠지는 편이 낫다."(마태 18,5-6) 준엄한 말씀입니다. 읽을 때는 추상적으로 보일 수 있더라도, 매우 현실적이고 실제적인 말씀들입니다. 예를 들어 근래의 수많은 추문과 아동 성추행의 경우를 생각할 수 있습니다.

저희 마음을 살피시고 저희의 나약함과 한계를 아시는 주 예수님, 신앙의 길에서 만나게 되는 시련에서 저희를 도와주십시오.

저희는 당신의 도움으로 유혹을 견딜 수 있음을 잘 압니다. 저희에게 언제나 당신께서 가까이 계심을 믿게 하시어, 혼자라고 느끼지 않고 항구한 희망을 간직하게 해 주십시오.

바오로 사도가 가르치듯이(1코린 10,13 참조) 하느님께서는 충실하시며 결코 우리의 힘을 넘어서는 시험을 허락하지 않으신다는 확신을 잃지 않게 하시고, 자녀들처럼 신뢰하며 아버지의 손에 저희를 의탁하게 해 주십시오.

묵상 6

악에서 구하소서

"아들 외에는, 그리고 그가 아버지를 드러내 보여 주려는 사람 외에는 아무도 아버지를 알지 못한다."(마태 11,27)

이 말씀은 우리에게 이렇게 기도하게 합니다.

아버지, 당신 아드님이신 예수님을 알게 해 주십시오. 저희는 예수님께서 가르쳐 주신 주님의 기도를 통하여 그분을 알고자 합니다. 그분께서 이 기도에 온 마음을, 당신 마음에 있는 모든 것을, 그분께 중요한 모든 것을 담으셨고 그것을 저희에게 전해 주려 하셨기 때문입니다. 아버지, 저희가 그분의 깊은 생각을 알게 하시어 내적으로 비추어지고 정돈되게 해 주십시오. 아버지, 또한 당신 아드님을 통하여 당신을 알게 되기를 청합니다. 아드님께서 당신을 계시해 주시는 사람 외에는 당신을 알지 못합니다. 그리고 그분은 이 기도를 통하여 당신을 계시하십니다.

저희에 대한 당신의 뜻을 알게 하시어 그것을 받아들이고 끌어안으며, 어떤 종류의 것이든 저희의 십자가를 끌어안게 해 주십시오. 십자가는 저희에 대한 당신 사랑의 계획 일부이기 때문입니다.

아버지, 당신 뜻에 자신을 내맡기신 저희 어머니이시며 교회의 어머니이신 성모님은 "말씀하신 대로 저에게 이루어지기를 바랍니다."라는 그 말씀들로 전구하실 것입니다.

당신 뜻에 헌신하는 데에서 저희를 성모님과 일치시키시어 그 안에서 충만한 기쁨을, 그리고 이 세상을 위한 기쁨을 찾게 해 주십시오. 아멘.

악에서 빼내소서

이번 묵상에서는 "악에서 구하소서"라는 청원을 고찰합니다. 레드 뤼스 신부님은, 주님의 기도를 이해하기 위해서는 마지막 청원에서 시작하는 편이 교육학적으로 더 낫다고 말합니다. 이것이 우리가 더 많이 경험하는 것이기 때문입니다. 존재론적으로 그리고 가치의 관점에서 주님의 기도는 위에서 아래로, 하느님의 이름에서 악으로 가는 구조를 지니고 있더라도 말입니다.

먼저 한 단어씩 독서lectio를 제시하고, 그다음에 묵상meditatio으로 우리 안에 있는 악은 무엇이며 악에 어떻게 저항해야 하는지 대답을 찾아보겠습니다.

- 아시다시피 "악에서 구하소서"라는 표현은 루카 복음서에는 없습니다. 여기에서 주석의 혼란스러움이 시작됩니다. 루카가 그 표현을 생략한 것일까요, 아니면 마태오가 첨가한 것일까요? 그리고, 어떤 이유에서 그리스어 원문에는 앞에 "그러나"가 붙어 있는 것일까요?

분명 "그러나"는 역접을 나타내는 것이 아니라 설명을 나타냅니다. "저희를 유혹에 빠지지 않게 하시고"라는 청원은 부정문이고 "악에서 구하소서"는 긍정문이므로 그 두 청원이 "그러나"로 연결되는 것입니다.

하지만 다른 질문이 생겨납니다. "악에서 구하소서"는 단순히 "저희를 유혹에 빠지지 않게 하시고"를 다른 식으로 말하는 동의적 병행일까요, 아니면 어떤 내용을 덧붙이면서 주님의 기도의 종합적 결론과 같은 역할을 하는 것일까요?

"구하소서"라는 동사를 고찰함으로써 실마리를 얻을 수 있을 것 같습니다.

- "구하소서."의 그리스어 동사 뤼사이rysai는 의미가 깊습니다. 악에서 "저희를 빼내소서"를 뜻하기 때문입니다. 예를 들어 이미 사자

에게 잡혔다가 그 입에서 구해지는 사람의 모습을 나타냅니다.

요한 복음서에서는 아버지를 향한 예수님의 찬란한 기도를 전하면서, 더 부드러운 동사를 사용합니다. "이들을 세상에서 데려가시라고(아레스àres) 비는 것이 아니라, 이들을 악에서 지켜 주십사고 빕니다."(요한 17,15) 원수의 공격이 아직 일어나지 않은 것 같은 표현입니다. 그 구절은 "저희가 유혹에 떨어지도록 허락하지 마소서."라고 풀어쓸 수 있을 것입니다. 반면 악에서 "구하소서, 빼내소서"라는 것은 이미 사자의 발에 잡혀 있는 상황을 전제하는 부르짖음입니다.

동사 뤼오마이ryomai를 사용하는 가장 극적인 예는 마태오 복음서 27장 43절일 것입니다. 예수님께서는 십자가에 달려 계시고 원로들과 대사제와 백성은 그분을 조롱합니다. "하느님을 신뢰한다고 하니, 하느님께서 저자가 마음에 드시면 지금 구해 내(뤼사스토rysàstho) 보시라지." 예수님께서는 이미 십자가에 달려 계시고 "구해 낸다"라는 것은 그분을 십자가에서 내려오게 하는 것, 십자가에서 빼내는 것입니다.

이 동사의 다른 용례는 즈카르야의 노래에서 볼 수 있습니다. "그분께서는 우리 조상들에게 자비를 베푸시고 / 당신의 거룩한 계약을 기억하셨습니다. / 이 계약은 우리 조상 아브라함에게 하신 맹세로 / 원수들 손에서 구원된(뤼스텐타스rysthéntas) 우리가 두려움 없이 / 한평생 당신 앞에서 / 거룩하고 의롭게 / 당신을 섬기도록 해 주시려는 것입니다."(루카 1,72-75) 이는 원수들이 멀리 있는 위협이 아니고 우리가 이미 그 원수들 손에 있음을 뜻합니다.

로마 신자들에게 보낸 서간에 들어 있는 바오로 사도의 극적인 부르짖음도 있습니다. "나는 과연 비참한 인간입니다. 누가 이 죽음에 빠진 몸에서 나를 구해 줄 수(뤼세타이rysetai) 있습니까?"(로마 7,24) 나는 나를 죽음으로, 죄로, 멸망으로 이끄는 몸 안에 있습니다. 거기에서 빼내져야 합니다.

그래서 저는 "구하소서"라는 단어가 "저희를 유혹에 빠지지 않게 하시고"라는 청원에 어떤 것을 더 첨가한다고 봅니다. 유혹에서는 보호될 수 있지만, 우리가 사탄의 발톱에 잡혀 있을 때는 그 밖으로 빼내져야 합니다. 사방에서 우리를 에워싸고 현혹하고 얽어매고 괴롭히는 악에서 해방되어야 합니다. 이것은 매우 간절한 부르짖음이며, 시편 저자들의 소리를 반향합니다. 구렁에서 건져 주시기를, 원수의 손에 내맡겨지지 않기를 간청하는 병자, 포로, 패배자의 시편들을 생각합니다.

이것이 "구하소서"라는 동사의 의미입니다.

– 마지막 단어는 "악에서", 아포 투 포네루apò tou poneroũ입니다.

먼저 여기서는 정의하기 어려운 철학적 악, 추상적 악(카콘kakòn)을 암시하는 것이 아닙니다. 아포 투 포네루Apò tou poneroũ는 악행, 악의, 악한 것에서의 해방됨을 지칭합니다. 이것은 남성으로 볼 수도 있고 중성으로 볼 수도 있습니다. "악한 자로부터, 악마로부터"라는 의미를 지닐 수도 있지만 "악행으로부터, 악의로부터"를 뜻할 수도 있는 것입니다.

교회의 오랜 역사 안에서 언제나 다음과 같은 질문이 있었습니다. "악에서 구하소서"라고 이해해야 할까요, "악마로부터"로 이해해야 할까요?

이탈리아 주교회의는 성경을 새로 번역하면서 수많은 찬반 토론을 거친 끝에 중도를 택하여, 대문자로 시작하는 "악(말레Male)"으로 옮김으로써 두 가지 의미로 이해할 수 있게 했습니다.

그러나 문제는 남아 있습니다.

신약 성경에는 이 단어가 중성으로 사용된 여러 예가 있습니다 (토 포네론to poneròn). 특별히 의미깊은 것은 로마 신자들에게 보낸 서간의 예입니다. "사랑은 거짓이 없어야 합니다. 여러분은 악(토 포네론to poneròn)을 혐오하고 선을 꼭 붙드십시오."(로마 12,9) 여기서는 선과 악의 대조가 분명하고, 이는 토 포네론to poneròn을 악의, 악행으로 이해해야 한다는 것을 말해 줍니다. 이들은 분명 어떤 신비롭고 불분명한 어떤 것을 지칭하지만(사탄, 반대자), 그것이 세상 안에 들어와 역동적으로 작용하면서 우리를 개입시키는 악과 구별하기는 쉽지 않습니다. 신약 성경에는 이와 유사한 경우가 많이 있습니다. 그래서 주님의 기도의 투 포네루tou poneroũ가 중성이라고 가정할 수도 있을 것입니다.

그러나 남성으로도 볼 수 있고, 단수형이므로 이를 사탄에 적용할 수도 있습니다. 여러 차례 신약 성경은 이를 복수형으로 사용하는데, 그것은 남성으로 옮기는 번역을 더 분명하게 해 줍니다. "악인들에게서 구하소서."

테살로니카 신자들에게 보낸 둘째 서간에는 주목할 구절들이 있습니다. "끝으로 형제 여러분, 우리를 위하여 기도해 주십시오. 주님의 말씀이 여러분에게서처럼 빠르게 퍼져 나가 찬양을 받고, 우리가 고약하고 악한 사람들에게서(아포 톤 아토폰 카이 포네론 안트로폰 apò ton atòpon kai poneròn anthròpon) 구출되도록(뤼스토멘 rysthòmen) 기도해 주십시오. 모든 사람이 믿음을 가지고 있지는 않기 때문입니다. 주님은 성실하신 분이시므로, 여러분의 힘을 북돋우시고 여러분을 악에서(아포 투 포네루 apò tou poneroù) 지켜 주실 것입니다."(2테살 3,1-3) 여기서는 악마를, 사탄을 지칭하는 것일 수 있습니다.

질문에 대한 대답은 불분명한 채로 남습니다. 제 편에서는, 사탄이 선동한 것일 수도 있지만 이미 세상을 돌아다니는 눈사태와 같이 되어 있는 악의 세력들을 가리킬 가능성이 크다고 봅니다. 다른 대륙들에서 벌어지고있는 점령과 전쟁, 보스니아의 집단 강간, 최근에 일어난 체첸의 테러리스트들의 잔인한 행동들을 떠올리지 않을 수 없습니다. 그것은 악행을 즐기는 행위이며, 순수한 악의이자 잔인함입니다.

관심을 끄는 또 다른 가설도 있는데, 그것은 레드뤼스 신부님의 고유한 견해입니다. 그 책에서는 이렇게 말합니다. "우리가 하느님께 구해 주시기를 청하는 '악'은 윤리적 악, 죄, 악마를 포함하는 가장 넓은 의미로 이해해야 합니다."

그리고 이렇게 덧붙입니다. "시간 안에서나 영원 안에서나, 최고의 악은 악한 양심입니다. 악한 양심은 그 자체로, 가장 정당한 내재적 징벌입니다. 그것은 자신에 대한 단죄, 배교, 최고 선이신 하느님에게서 멀어지고 싶어하는 것, 영혼 안에 마치 자신의 성전처럼 마귀가 자리잡는 것입니다."《복음적 기도인 주님의 기도》, 43쪽)

이 해석은 저를 놀라게 하고 또 매혹시킵니다. 신부님은 "악"을 악한 양심으로, 악 속에 잠기고 그 악을 더 확장하기 위한 계획을 세우고자 하는 성향으로 이해합니다. 이러한 악한 양심은 이미 자신에 대한 징벌입니다. 그것이 사람을 들볶고, 뒤흔들고, 미치게 하기 때문입니다. 그리고 이것은 그렇게 드문 현상이 아닙니다. 그리스도교의 영역 안에서도 괴로움, 불쾌함, 회의에 사로잡혀 악을 즐기고 예를 들어 익명의 편지를 쓰고 사람들을 고발하며 다른 사람의 명예를 훼손하는 데에서 만족을 찾는 사람들이 있습니다.

레드뤼스 신부님은 이렇게 덧붙입니다. "우리를 '악들'에서 구해 주시라고 말하지 않습니다. 절대적으로 말한다면 악은 오직 한 가지, 곧 자녀들이 그들의 아버지에게서 결정적으로 등을 돌리는 멸망뿐이기 때문입니다."《복음적 기도인 주님의 기도》, 43쪽)

예수님의 수난을 바라보면서 우리는 이것을 볼 수 있습니다. 어떤 신학자들은 예수님께서 "저의 하느님, 저의 하느님, 어찌하여 저를 버리셨습니까?"라고 외치실 때 악의 바닥을 치셨고, 하느님에게서 떨어져 나가 멸망한 이들과 유사한 상황으로 들어가셨다고 여깁니다. 현세의 삶에서도 "멸망할" 수 있습니다. 하느님에게서 완전히 멀어진다는 의미에서 그렇습니다. 그리고 이어서 말합니다. "다른 악들은 상대적인 것으로 머뭅니다. 우리가 '복된 탓이여'라고 말할 수 있을 죄까지도 그렇습니다. 그러나 멸망은 거기에 속하거나 거기에 이르게 하는 모든 것과 일체가 됩니다. 그러한 의미에서 인간의 모든 악들은 여기서 한 덩어리가 됩니다. 그것들이 죄에서 나오고 인류에 대한 단죄의 선고를 표현하기 때문입니다."《복음적 기도인 주님의 기도》, 43-44쪽)

어떤 이들은 주님의 기도 마지막의 "악"을 해석하면서 그것을 기도의 첫 부분에 반대되는 것으로 해석하는데, 그것은 비슷한 해석입니다. 하느님이 거룩하게 되지 않으시고, 그 나라가 오지 않고, 하느님의 뜻이 이루어지지 않는 것이 악입니다. "그러므로 이 청원에서 말하는 악은 고유한 의미에서 범한 죄를 가리키는 것이 아닙니다. 범한 죄에서 벗어나고 의화되는 것은 다섯 번째 청원인 '저희 죄를 용서하시고'에서 간청한 하느님의 용서로 이루어집니다. 일곱 번째 청원은 죄스러움을, 죄와 악의에 이르게 하고 거짓된 열매들인 악행만을 맺는 '나쁜 나무'의 부패에 이르게 하는 것을 지칭합니다. …… 그러므로 여기에서 우리는 마귀의 공격에서 따로 떼어서 해방되고 구원되기를 청하는 것이 아니라 그와 더불어 우리 구원의 다른 두 원수로서 마귀의 도움을 받는 '세속'과 '육신'에서도 해방되고 구원되기를 청하는 것입니다."《복음적 기도인 주님의 기도》, 44쪽)

지금까지 말한 것은 "악"이라는 단어의 신비로운 의미를 온전히 이해하기 위한 노력들입니다. 이것은 그 단어의 풍부함과 우리의 체험에서 악의 근본적인 중요성을 증명해 줍니다.

악마의 속임수

묵상meditatio에서는 악이, 사탄이나 거기에서 나오는 악의가 어떻게 작용하는가 하는 질문과, 어떻게 악에 저항할 것이며 우리 안에서 선한 영은 어떻게 작용하는가 하는 질문에 대답하려 합니다.

이와 관련하여, 이냐시오 데 로욜라 성인의 영신 수련에 들어 있는 영들의 식별을 위한 규칙들을 참조하고 그것을 요약하여 제시하고자 합니다. 이냐시오 데 로욜라 성인은 피정자들에게 자신의 내적 움직임을 식별하는 법을 가르치기 위하여 이 규칙들을 제시합니다. 어떤 것이 원수의 조언이고 어떤 것이 성령의 조언인지를 구별함으로써 그는 자신에 대한 하느님의 뜻을 알고 그것을 이룰 수 있을 것입니다. 영적인 여정을 가는 사람을 위한 매우 귀중한 규칙은 다섯 가지입니다.

악마는 특히 네 가지 방식으로 작용합니다.

- 무엇보다 먼저, 악마는 사람을 현혹합니다. 이냐시오 데 로욜라 성인은 첫 번째 규칙에서 이렇게 말합니다. "원수는 노골적인 쾌락을 제시하고 감각적인 쾌락과 즐거움을 상상하도록 하여서 악덕과 죄를 유지하고 더욱 키워 가게 한다. 이런 사람들에게 선한 영은 이성의 분별력으로써 양심을 자극하고 가책을 일으키는 등 정반대의 방법을 쓴다."(314항)*

덧붙여서 말한다면, 현혹은 환상과 결부되어 있습니다. 오늘날 흔한 행동 한 가지를 예로 들겠습니다. 어떤 사제들은 "나 자신의 육욕 때문이 아니라, 젊은이들이 어떤 것을 보는지 더 잘 이해하기 위해 밤에 텔레비전을 보고, 인터넷에서 포르노를 찾는다."라고 말합니다. 그것은 좋은 동기로 보이지만, 사탄은 이런 생각으로 현혹합니다. 사탄은 보통 겉으로 보기에는 합당한 이유로 우리를 끌어들이고 쓰러뜨리기 때문입니다. 이 점은 유혹의 첫 번째 종류인 현혹에 대해 말하면서 이미 언급했습니다.

- 특히 진리와 복음의 길을 걷는 사람은 슬픔을 통하여 악마에게 공격을 받습니다. "악한 영은 슬픔에 빠져 애타게 하며 진보하지 못하도록 장애물을 두고 거짓 이유로 마음을 혼란스럽게 한다."(315항)* 우리가 할 수 없다고 생각하게 하고, 우리에게 너무 힘든 일이라고,

우리의 능력을 넘어서는 일이라고 생각하게 만듭니다. 잘 걸어가려는 사람에게, 복음을 살려고 하는 사람에게 악마가 일반적으로 행하는 것은 이것입니다. 슬픔과 우울함을 불어넣어 우리가 용기를 잃고 기운이 빠지게 하는 것입니다.

이냐시오 데 로욜라 성인은 이러한 영적 슬픔을 잘 묘사합니다. 영적 슬픔은 영혼을 어둡게 하고 현세적이고 육욕에 대한 욕구와 같은 비천한 것들을 향하게 하며, 기준을 잃고 혼란과 무질서에 빠지게 하는 유혹들로 동요시켜 불안하게 합니다. 또한 신뢰와 희망과 사랑을 잃고 게을러지며 미지근해지고 자신의 창조주이신 주님에게서 멀어지게 합니다(317항 참조).* 이것이 지금 움직이는 악령의 전형적 활동입니다. 그 활동을 알아보고 그 이름을 정확하게 밝히는 것은 매우 필요한 일입니다.

- 악령의 또 다른 활동은 두려워하게 하는 것입니다. 이냐시오 데 로욜라 성인은 열두 번째 규칙에서 이렇게 말합니다. "원수도 영적인 수련을 하는 이가 유혹들에 저항하여 정반대의 행동과 단호한 태도를 취하면 기력을 잃어 유혹을 거두며 도망가고, 반대로 수련을 하는 이가 겁을 먹고 유혹을 견디지 못하여 기가 꺾이기 시작하면 인간 본성의 원수는 이 세상에 둘도 없는 사나운 짐승이 되어 온갖 교활한 방법으로 자신의 사악한 의도를 추진시킨다."(325항)* 실상 사람이 겁을 먹고 주저하고 불안할 때는 쉽게 마귀에게 짓눌립니다.

― 그러므로 악령은 현혹하고, 슬프게 하고, 두려워하게 하는 것입니다. 또한 그것은 감추고 숨깁니다. "인간 본성의 원수가 자신의 흉계와 거짓 약속들을 올바른 사람에게 제시할 때에는 이것들이 받아들여져서 비밀리에 간직되기를 원하고 바란다. 그러나 이들이 훌륭한 고해 사제, 또는 원수의 속임수와 사악함을 아는 다른 영적인 사람에게 그것들을 밝히면 무척 원통해 한다. 이로써 그들의 뻔한 속임수들이 드러나게 되어 자신의 흉계대로 이루어지지 않을 것이기 때문이다."(326항)*

제가 특히 젊은 신부들에게 자신의 격정과 감정, 혼란을 누군가에게 털어놓고 그것을 분명하게 하는 데에 도움을 받으라고 권고하는 것은 괜한 일이 아닙니다.

― 악마의 이 네 가지 행동 방식에, 다섯 번째의 방식을 덧붙이겠습니다. 원수는 우리의 신체적, 정신적 약함을 이용한다는 것입니다. 그래서 우리는 매우 조심해야 합니다.

우리가 가능한 한 늦게 잠자리에 들자고 생각하게 하는 것은 사탄의 일입니다. 그럼으로써 악마는 우리의 신체적 피로를, 긴장을, 흥분을, 특히 우울함과 정신적 공허를 이용할 수 있게 됩니다. 우리가 우울함에 빠져 있음을 깨달으면 악마는 즉시 달려들어 공격합니다.

그러므로 몸의 언어를 잘 알아듣고 주의를 기울여, 피곤하고 예민하고 불안할 때, 힘이 빠지거나 길을 잃었다고 느낄 때는 우리 자신의 성향이나 생각을 따르지 않아야 합니다. 그것들이 부정적이고 방향을 잃을 수 있기 때문입니다.

지금까지 우리는 이냐시오 데 로욜라 성인의 규칙들의 도움으로 악마가 우리 안에서 작용하는 방식 몇 가지를 설명해 보았습니다.

악마에게 저항하기

우리는 하느님의 영이신 성령과, 그리고 교회의 전통과 동맹을 맺고 있습니다. 그러한 동맹이 없었다면 우리는 질 것입니다. 그러므로 우리 안에서 선한 영의 작용을 알아볼 줄 알아야 합니다. 이에 관하여 두 가지 규칙을 권고하려 합니다.

– 우리는 우리를 위로하시는 영께 귀를 기울여야 합니다. 이냐시오 데 로욜라 성인은 두 번째 규칙에서 이렇게 말합니다. "선한 영은 용기와 힘, 위로와 눈물, 좋은 영감들을 주고 침착하게 하며 선행에 있어서 쉽게 진보하도록 해 주고 장애되는 모든 것들을 제거한다."(315항)* 이 긍정적 힘에서 평온함과 경쾌함이 나옵니다. 어둠의 천사는 우리에게 속삭입니다. 무덤 문에서 어떻게 돌을 치울 수 있을까? 군인들이 우리를 도와주지 않으면 어떻게 할까? 그러나 한순간에 선한 천사가 오고, 돌은 치워집니다.

그리고, 우리의 동맹은 우리 안에서 활동하면서 "영혼이 자신의 창조주이신 주님에 대한 사랑으로 불타오르는 친밀한 순간들"을 만들어 냅니다. 또한 "영혼이 창조주 주님에 대한 사랑으로 불타올라 세상의 어떤 피조물도 그 자체로서만 사랑할 수가 없고 그 모든 것을 창조주 안에서 사랑하게 되는 때를 말한다."(316항)* 이것이 소위 영적 위로이고, 하느님께서 사탄을 물리치기 위하여 우리에게 주시는 도우심입니다.

"결국 믿음, 희망, 사랑을 키우는 모든 것과 창조주 주님 안에서 영혼을 침잠시키고 평온하게 하면서 천상적인 것으로 부르고 영혼의 구원으로 이끄는 모든 내적인 기쁨을 위로라고 한다."(316항)*

숨을 돌리게 하고 편안하고 평온하게 하는 것, 문제들을 해결하는 모든 것은 선한 영의 업적입니다.

우리는 언제나, 우리의 삶에 갈등이 있으며 그 안에서 살고 있다는 점을 기억해야 합니다. 삶은 선에서 더 나은 선으로 나아가는 평탄한 진보의 여정이 아닙니다. 삶은 투쟁이고, 그 구성 요소들을 아는 것은 매우 중요합니다.

– 둘째로, 선한 영은 우리에게 저항하도록 초대합니다.

어려운 순간들에는 굳건해야 합니다. "실망에 빠졌을 때에는 결코 변경을 해서는 안 되며", "그런 실망에 빠지기 전에 의도하였던 것들이나 결정한 것, 또는 전에 위로 중에 있을 때 결정한 것에 변함없이 항구하여야 한다."(318항)*

불행히도 흔히 혼란, 동요, 고민의 순간들에 선택을 하고 그래서 잘못된 선택을 합니다. "실망 중에 있는 사람은, 주님이 어떻게 그를 본성의 능력만 지닌 채 시련에 처하게 놔두시어 원수의 여러 가지 책동과 유혹에 저항하도록 하시는지를 생각한다. 이 경우에 비록 그가 분명하게 느끼지 못할지라도, 그에게 항상 남아 있는 하느님의 도우심에 힘입어 대처해 낼 수 있다. 왜냐하면 주님은 그에게서 큰 열성과 넘치는 사랑과 열렬한 은총을 거두었지만 영원한 구원을 위해서 필요한 은총을 충분히 남겨 두었기 때문이다."(320항)* 이 말들은 정말로 마음에 새겨야 합니다. 우리는 하느님의 도우심으로 유혹에, 악령에 저항할 은총을 받았습니다.

마지막으로, 현실을 목가적이 아니라 실제적으로 바라본다면 우리가 우리의 나약함이나 인간적 약함, 자신의 잘못으로 설명되지 않는 악의 신비 안에 휘말려 있음을 깨닫게 된다는 점을 강조하고 싶습니다. 악을 행하고 고통을 주기를 좋아하는 것은 순전한 악의입니다. 우리는 그것을 직접 설명할 수는 없습니다. 악은 부조리하기 때문입니다. 그러한 악의 맥락 안에 살고 있고 피정 동안에 그것을 염두에 두어야 한다고 말할 때 이 점을 이미 지적했었습니다.

아마도 우리는, 그리스도의 십자가를 바라보면서 그러한 신비를 조금은 이해할 수 있을 것입니다. 그리고, 십자가에 달리신 분을 바라보면서, 적어도 세상을 비참하게 만드는 온갖 일탈이 얼마나 엄청나고 사악한지를 조금이나마 감지하면서, 이렇게 외칠 수 있을 것입니다. 주 예수님, 당신께서는 그 모든 악을 꺾으시고 승리하셨습니다. 저희는 당신의 은총으로 그 악을 꺾고 승리할 수 있음을 확신합니다!

묵상 노트

"저의 것은 다 아버지의 것이고 아버지의 것은 제 것입니다.
이 사람들을 통하여 제가 영광스럽게 되었습니다."
(요한 17,10)

_____
_____
_____
_____
_____
_____
_____
_____
_____
_____
_____
_____
_____
_____
_____

4장

하느님의 뜻 깨닫기

> 강론

말씀에 대한 무한한 신뢰

"그물을 내려 고기를 잡아라."

예수님께서 겐네사렛 호숫가에 서 계시고, 군중은 그분께 몰려들어 하느님의 말씀을 듣고 있을 때였다. 그분께서는 호숫가에 대어 놓은 배 두 척을 보셨다. 어부들은 거기에서 내려 그물을 씻고 있었다. 예수님께서는 그 두 배 가운데 시몬의 배에 오르시어 그에게 뭍에서 조금 저어 나가 달라고 부탁하신 다음, 그 배에 앉으시어 군중을 가르치셨다.

예수님께서 말씀을 마치시고 나서 시몬에게 이르셨다. "깊은 데로 저어 나가서 그물을 내려 고기를 잡아라." 시몬이 "스승님, 저희가 밤새도록 애썼지만 한 마리도 잡지 못하였습니다. 그러나 스승님의 말씀대로 제가 그물을 내

리겠습니다." 하고 대답하였다. 그렇게 하자 그들은 그물이 찢어질 만큼 매우 많은 물고기를 잡게 되었다. 그래서 다른 배에 있는 동료들에게 손짓하여 와서 도와 달라고 하였다. 동료들이 와서 고기를 두 배에 가득 채우니 배가 가라앉을 지경이 되었다.

시몬 베드로가 그것을 보고 예수님의 무릎 앞에 엎드려 말하였다. "주님, 저에게서 떠나 주십시오. 저는 죄 많은 사람입니다." 사실 베드로, 그와 함께 있던 이들도 모두 자기들이 잡은 그 많은 고기를 보고 몹시 놀랐던 것이다. 시몬의 동업자인 제베대오의 두 아들 야고보와 요한도 그러하였다. 예수님께서 시몬에게 이르셨다. "두려워하지 마라. 이제부터 너는 사람을 낚을 것이다." 그들은 배를 저어다 뭍에 대어 놓은 다음, 모든 것을 버리고 예수님을 따랐다."(루카 5,1-11)

이 강론은 자전적인 내용입니다. 제가 오늘의 복음 단락과 매우 특별한 관계가 있기 때문입니다. 이것은 1980년 연중 제5주간 주일 전례 때에 선포된 말씀이었습니다. 그날 저는 생전 처음으로 밀라노 주교좌성당에서 미사를 집전하며, 대주교로서 그 교구에 들어갔습니다.

그때 저는 이 단락을 읽었고 예수님 주위에 "몰려들던" 군중들의 모습 안에서, 대성당과 광장을 메우던 만여 명의 사람들의 모습을 보았습니다.

특히 저는 시몬과 마찬가지로 저의 부당함을 느꼈습니다. "주님, 저는 할 수 없습니다. 밤새 애를 썼지만 별수가 없었습니다." 부끄러움과 부당함을 느끼는 베드로 사도의 상태를 저의 상태와 같이 느꼈습니다. 그리고 이와 더불어, 예수님의 말씀을 신뢰하고 그것을 저의 계획으로 삼아야 함을 깨달았습니다.

"스승님의 말씀대로", 곧 그 말씀에 나를 의탁하고, 그 말씀을 선포하고 설명하는 것입니다. 그 단락은 예수님께서 하느님의 말씀을 선포하고 계셨다는 점을 강조하면서 시작됩니다. 본문 전체가 말씀을, 예수님께서 선포하신 하느님의 말씀과 베드로 사도에게 하신 예수님의 말씀을 부각시킵니다. "깊은 데로 저어 나가서 그물을 내려라."

저에게 깊은 데로 간다는 것은 전혀 경험이 없는 임무를 맡는 것, 전혀 새로운 세상과 접하게 되는 것을 의미했습니다. 지구에서 달로 가는 것, 학문적이고 교육적인 봉사에서 사목적 봉사로 옮겨 가는 것, 아무도, 아무것도 알지 못하면서 영점에서 다시 시작하는 것을 뜻했습니다. 그것은 정말로 예수님의 말씀에만 의탁하는 것이었습니다.

저는 그때, 하느님의 은총으로 저에게 그 신뢰가 주어지는 것을 느꼈습니다.

제 안에는 그런 신뢰가 없었습니다. 그것은 직무의 경험에서 나오는 것이 아니었습니다. 저는 그런 경험이 없었습니다. 교구라는 것이 무엇인지에 대해서도 아무 생각이 없었습니다. 저는 주로 성경을 연구했기 때문에, 교회법은 조금밖에 공부하지 않았습니다. 예를 들어 저는 참사회가 무엇이고 총대리의 역할이 무엇인지도 몰랐습니다! 그런데 그 모든 것이 제 손에 맡겨졌습니다. 오직 한 가지의 보증이 있었습니다. "깊은 데로 저어 나가서 그물을 내려 고기를 잡아라."

저는 예수님의 말씀이 참되다는 것을 매년 체험했고, 제가 겪은 모험과 그분께 의탁하는 것의 아름다움을 점점 더 보게 되었습니다. 제가 소홀히 하고 빠뜨린 것이 많았지만, 그물은 물고기로 가득한 것으로 보였습니다. 뜻하지 않게 엄청난 양의 물고기가 있었고 그물은 거의 찢어질 정도였습니다.

제 안에서는 조금씩 그것이 부당하다는 두려움이 커졌고, 그래서 "주님, 왜 저에게 이것을 주십니까? 저에게서 떠나 주십시오. 저는 죄 많은 사람입니다."라고 말씀드렸습니다.

놀람, 두려움, 부당하다는 느낌, 그러나 주님께서는 언제나 저에게 말씀하셨습니다. "두려워하지 마라. 이제부터 너는 사람을 낚을 것이다."

이 본문은 매년 평일 전례에서 한 번, 그리고 주일 전례에서 루카 복음서를 읽는 해에 두 번 나옵니다. 그리고 제가 밀라노 교회에 봉사한 22년 5개월 동안 늘 같은 느낌을 다시 체험했습니다.

"모든 것이 다 여러분의 것"

아무도 자신을 속여서는 안 됩니다. 여러분 가운데 자기가 이 세상에서 지혜로운 이라고 생각하는 사람이 있으면, 그가 지혜롭게 되기 위해서는 어리석은 이가 되어야 합니다. 이 세상의 지혜가 하느님께는 어리석음이기 때문입니다. 성경에 이렇게 기록되어 있습니다. "그분께서는 지혜롭다는 자들을 그들의 꾀로 붙잡으신다." 또 이렇게 기록되어 있습니다. "주님께서는 지혜롭다는 자들의 생각을 아신다. 그것이 허황됨을 아신다." 그러므로 아무도 인간을 두고 자랑해서는 안 됩니다. 사실 모든 것이 다 여러분의 것입니다. 바오로도 아폴로도 케파도, 세상도 생명도 죽음도, 현재도 미래도 다 여러분의 것입니다. 그리고 여러분은 그리스도의 것이고 그리스도는 하느님의 것입니다.(1코린 3,18-23)

바오로 사도가 결국에는 이 세상의 지혜로 파악될 수 있는 언어가 존재한다는 환상을 우리에게서 사라지게 하는 코린토 신자들에게 보낸 첫째 서간에 대해서도 몇 가지를 말하려고 합니다.

우리는 흔히 스스로 탄식하며 자신을 비판합니다. 우리에게 적절한 언어가 없다고, 그런 언어가 있다면 사람들이 우리를 이해하고 따를 것이라고 말합니다.

저는 언어의 책략을 크게 신뢰한 적이 없습니다.

물론 우리는 말을 할 때 알아듣기 어렵고 인위적이고 관료적이고 순전히 이론적인 것들을 피해야 합니다. 하지만 우리가 사물들을 우리가 체험하는 그대로 말한다면 그 이상 더 할 수 있는 것은 없습니다.

어떤 인간적 자만을, 어떤 인간적 지혜를 포기하지 않는다면 소통의 다리를 건설하는 것이 전혀 불가능합니다. 예수님의 겸손을 받아들이기 위해서는 질적인 도약이 필요합니다. 예수님의 겸손이 마음에 들고 세속적인 갈망의 대상이 되게 하는 것은 전혀 불가능합니다.

그리고 마땅히 그래야 합니다. 하느님은 "지혜롭다는 자들을 그들의 꾀로 붙잡으십니다." 그들을 놀리십니다.

그러나 지혜로운 자들의 계획이 헛됨을 깨닫게 되면 우리는 오직 말씀만을 신뢰하게 됩니다. 그 말씀은 우리와 모든 이들을 구원하는 말씀입니다.

바오로 사도의 본문은 매우 아름다운 문장으로 끝납니다. "다 여러분의 것입니다." 여러분은 부유하고 자유롭습니다. "바오로도 아폴로도 케파도, 세상도 생명도 죽음도, 현재도 미래도." 우리가 그리스도의 것일 때에 우리는 아무것도 잃지 않습니다. "그리고 여러분은 그리스도의 것이고 그리스도는 하느님의 것입니다."

교회와 교회의 구조, 교회의 쇄신에 관련된 수많은 문제도 그러한 진리 앞에서는 희미해집니다. 모든 것은 그리스도의 것이고 그리스도는 하느님의 것이며, 하느님께서 모든 사람들과 모든 것들을 집으로 데려가십니다. 그 방법은 그분만이 아십니다. 그러나 그분께서는 그것을 행하고 계시고, 우리는 단순히 그분의 행위에, 그분의 능력에, 그분 성령의 은총에 맡겨진 협력자들일 따름입니다.

성모님의 전구로, 신뢰와 의탁 안에서 살 수 있기를 청합시다.

묵상 7

아버지의 나라가 오시며

우리는 피정의 절정에 이르렀고, 주님의 기도의 가장 중요한 청원에 도달했습니다. "아버지의 나라가 오시며." 지금까지는 마치 그 청원을 직면하기를 두려워하듯이 주위를 맴돌았습니다. 루카 복음서 12장의 두 구절이 떠오릅니다. "오히려 너희는 그분의 나라를 찾아라. 그러면 이것들도 곁들여 받게 될 것이다. 너희들 작은 양 떼야, 두려워하지 마라. 너희 아버지께서는 그 나라를 너희에게 기꺼이 주기로 하셨다."(루카 12,31-32)

아버지, 당신께서는 기꺼이 당신 나라를 작은 양 떼인 저희에게 주고자 하셨으니 감사드립니다. 이 세상과 그 막강한 힘과 그 폭력과 점점 더 발전하는 과학의 발견에 대한 자만 앞에서 저희는 작은 양 떼입니다. 이렇게 작고 때로는 소외되는 저희에게 그 나라를 주시니 감사드립니다. 당신께서는 저희에게 그 나라를 찾고 또 구하게 하십니다. 저희가 그 나라가 무엇인지를 깨닫게 해 주십시오. 분명 그것은 당신 아드님 예수님의 가장 깊은 갈망에 부응하는 것입니다. 저희가 그분의 마음 안으로 들어가 이 나라를 이해하게 하시고, 그 나라가 저희 마음과 저희 삶 안에 자리 잡게 하며 그 나라를 향해 걸어갈 수 있게 해 주십시오. 우리 주 그리스도의 이름으로 아버지께 청합니다.

어떤 주석 학자들은 "아버지의 나라가 오시며"라는 청원이 유일한 청원이고 다른 모든 청원은 거기에 곁들여지는 것이라고 봅니다. 오래 숙고한 끝에 저는 레드뤼스 신부님이 제시한 설명을 따르기로 했습니다. "아버지의 이름이 거룩히 빛나시며"는 더 근본적이고 형이상학적인 청원이고, "아버지의 나라가 오시며"는 그 역사적 실현입니다. "아버지의 이름이 거룩히 빛나시며"는 아직 일반적이고 절대적인 청원이고, "아버지의 나라가 오시며"는 예수님의 삶 안에서 그 나라가 실현되는 것을 지칭합니다.

그러나 우리가 "아버지의 나라가 오시며"라는 말로 청하는 것이 무엇인지를 이해하기는 쉽지 않습니다.

이냐시오 데 로욜라 성인은 영신 수련의 둘째 주간을 바로 하느님 나라를 제시하는 것으로 시작합니다. 우리는 우리 피정의 지금 이 순간을, 첫째 주간에서 둘째 주간으로 넘어가는 때라고 볼 수 있을 것입니다. 그 앞에는 임금님과 그 나라에 대한 관상이 있고 예비적이고 도입적인 묵상이 있는데, 이냐시오 데 로욜라 성인은 이것을 예수님의 생애에 대한 묵상의 첫머리에 그 해석을 위한 열쇠로 제시합니다. "이 왕이 자기 모든 백성들에게 다음과 같이 말하는 것을 본다. '나는 불신자들의 땅을 모두 정복하고자 한다. 나와 뜻을 같이 하는 사람들은 나와 의식주를 똑같이 할 것이다. 또 낮에 일하고 밤에 파수를 서는 것도 나와 똑같이 해야 한다. 나와 함께 일한 사람들은 승리했을 때 나와 함께 한몫을 차지하게 하겠다.'"(93항)*

이러한 나라의 개념은 분명 이냐시오 데 로욜라 성인이 살았던 시대의 전형적인 정복자의 방식으로 제시되는 것입니다. 그 시대에는 모든 불신자들을 하느님의 권능 아래 종속시키고자 했습니다.

이것이 틀린 것은 아니지만, 한 가지 질문이 남습니다. 그 나라는 어떤 방식으로 오는 것일까요? 십자군 시대부터 생각해 왔던 것처럼, 원수들을 물리치고 전투에 승리함으로써 오는 것일까요? 아니면 그것은 오히려 씨앗처럼, 누룩처럼, 반죽 안에 천천히 퍼지듯이 오는 실재일까요?

"아버지의 나라가 오시며"라는 청원은 다른 여러 해석에도 열려 있다고 생각됩니다.

저는 이 문제를 네 부분으로 나누어 좀 더 깊이 다루어 보려 합니다. 그것은 하느님의 나라가 무엇인가 하는 질문, 이 나라가 현존하지 않는다는 것, 현존하지 않지만 온다는 것, 그리고 마지막으로 우리가 그 나라가 오기를 청하는 태도에 대한 성찰입니다.

예수님 선포의 중심인 하느님 나라

공관 복음서들에서는, 하느님의 나라가 예수님의 가장 중요한 관심사이며 그분의 설교를 종합하는 내용이라는 점이 명백하게 나타납니다. 마르코 복음서의 첫머리에서부터 이렇게 말합니다. "요한이 잡힌 뒤에 예수님께서는 갈릴래아에 가시어, 하느님의 복음을 선포하시며 이렇게 말씀하셨다. '때가 차서 하느님의 나라가 가까이 왔다. 회개하고 복음을 믿어라.'"(마르 1,14-15)

그러므로 하느님 나라는 예수님의 선포의 중심입니다.

— 예수님의 "정의"들. 공관 복음서들은 예수님께서 여러 가지 방식으로, 특히 비유로 하느님 나라에 대해 말씀하시는 것을 보여 줍니다. 예를 들어 마르코 복음서 4장 26절에서는 하느님 나라가 땅에 뿌려지는 씨와 같다고 말씀하시고, 마르코 복음서 4장 30절에서는 "하느님의 나라를 무엇에 비길까? 무슨 비유로 그것을 나타낼까?"라고 말씀하십니다. 그리고 복음서에서는 그 장의 첫 부분에, 하느님 나라에 대해 바로 말하지는 않으면서도 가장 유명한 비유인 씨 뿌리는 사람의 비유를 배치합니다. 이것 역시 하느님 나라의 비유입니다(마르 4,2-9 참조).

이렇게 예수님께서는 자주 하느님 나라에 대해 말씀하시지만 비유와 비교로, 은유와 암시와 표상을 통해 말씀하시고 그 나라를 정의하지는 않으십니다.

이 모든 것을 요약하기는 쉽지 않습니다. 이를 위해서는 하느님 나라에 대한 많은 말씀을 살펴보고 통합해야 합니다. 제 생각으로, 이에 대한 최고의 요약은 마르코 복음서 4장 17절에 대한 예루살렘 성서의 각주에서 볼 수 있습니다. "선택된 백성에 대한, 그리고 그 백성을 통하여 온 세상에 대한 하느님의 왕권은 구약 성경의 신정 통치의 이상에서와 마찬가지로 예수님의 설교의 중심에 있다. 그 왕권은 하느님께서 참으로 임금이 되실 '거룩한 이들'의 나라를 내포한다. 그들이 앎과 사랑을 통하여 그 왕권을 인정하게 될 것이기 때문이다. 죄의 반란을 겪는 그 왕권은 하느님과 그 메시아의 통치를 통하여 회복되어야 한다. 예수님께서는 그러한 개입을 …… 군중들이 기대했던 군사적이고 국수주의적인 승리로써가 아니라(이냐시오 데 로욜라 성인의 비유는 그러한 오해를 일으킬 수 있습니다.) 완전히 영적인 방식으로, '사람의 아들'이며 '종'으로서, 사람들을 사탄의 나라에서 구해 내심으로써 이루신다. 종말론적으로, 최종적으로 그 왕권이 실현되어 선택된 이들이 천상 잔치의 기쁨 속에서 아버지와 함께 살게 되기 전까지, 그 나라는 미약하고 신비롭고 반대를 받으며 시작하는 모습으로 나타날 것이다 (땅에 뿌려진 씨앗은 어떻게 성장하는지 모릅니다)."" 그 나라는 이미 시작되었고 지상에서 교회를 통하여 천천히 발전하는 실재로서 나타날 것이다. 그리스도의 나라로서 예루살렘에 대한 하느님의 심판을 통하여 강력하게 세워지고 사도들의 사명을 통하여 세상 안에서 선포된 그 나라는, 마지막 심판 때에 그리스도께서 영광스럽게 다시 오심으로써 최종적으로 세워지고 아버지께 바쳐질 것이다. 이를 기다리는 동안, 교만한 이들과 이기적인 이들에게 배척당한 미천한 이들과 가난한 이들이 그 나라를 받아들인다. 새로운 삶이라는 혼인 예복을 입어야 그 나라에 들어갈 수 있으며, 거기에서 배제되는 사람들이 있다. 뜻하지 않은 때에 그 나라가 오면 준비되어 있도록, 깨어 있어야 한다."

이 각주는 분명 요약입니다. 이 각주는 공관 복음서들의 수많은 단락을 인용하면서 하느님 나라라는 실재가 간단하지 않고 복잡하며, 미약하게 시작되고, 무력과 정복으로 이루어지는 것이 아니며, 인간적 힘에 의지하지 않고, 오직 마음 안으로 들어가는 나라이고 마음으로 받아들여야 함을 알게 해 줍니다.

이에 관련하여 가장 아름답고 의미 깊은 말들은 다시 레드뤼스 신부님의 글에서 찾아볼 수 있습니다. "하느님께서 무조건적으로 그리고 처음부터 당신의 피조물 전체를 다스리신다는 기본적 진리는 그 자유를 배제하지 않습니다." 하느님은 언제나 임금이셨습니다. "그러나 지금 복음적인 의미에서 '나라'에 대해 말할 때, 고유한 의미에서 하느님께서 다스리신다는 것은 당신의 선하심이 은총의 온유함으로써 자유로운 마음들이 겸손하게 스스로 당신을 따르게 할 때 이루어집니다. 하느님의 전능하심은 그것이 선택된 이들에게서 영원한 생명이 자라나게 할 때, 말씀의 좋은 씨앗 가운데에 자라는 추문이라는 잡초를" 강제로 뽑지 않고 "인내롭게 내버려 두실 때, 그리고 걸림돌, 즉 악의 상대적인 성공인 골고타를 입양된 자녀들의 살아 있는 집의 '모퉁잇돌'이 되게 하실 때 자비의 승리 안에서 드높이 빛납니다. 복음에서 말하는 자비로운 아버지의 나라는 하느님께서 단죄받은 이들까지도 당신의 권능으로 덮으시는 실제적 지배로 환원되지 않습니다. 그 나라는 구원된 이들의 마음 안에 그리고 그 마음에서 하느님의 생명이 자유롭게 확산되는 것입니다."《복음적 기도인 주님의 기도》, 98-99쪽)

여기에서는 하느님 나라의 특징인 자유, 자발성, 점진성, 온유함이 매우 효과적으로 강조됩니다.

그리고 또한 그 나라는 "성령의 사도적 활동입니다. 그것은 그 나라가 확장되는 단계들에서 그리고 특히 영광스러운 영원의 보편적 사건으로서 그리스도교적 삶이 천상적 질서를 이루어가는 데에서 나타납니다. '아버지의 나라가 오시며'는 이미 시작된 나라가 성장하기를 바라는 간절한 마음에서 나오는 청원입니다. 그 나라가 현재의 삶 안에서 그 첫물로서 실현되고, 마지막 부활 때에 완성되기를 바라는 것입니다." 그 나라는 "그리스도의 제자들 안에서 이루어지는 그리스도의 힘있고 드러나며 승리하는 삶이며, 우주 안에서 일어나는 가장 확고하고 가장 강력한 신비로운 실재이고, 역사 안에서 가장 강렬하고 가장 중요하고 잊을 수 없는 사건입니다. 그것은 이미 시작된 나라, 움직이고 있는 나라, 당신 나라에 오시는 살아 계신 임금이십니다."《복음적 기도인 주님의 기도》, 99-100쪽)

이 모든 것은 이 개념이 얼마나 풍부하고 모든 복음서들 안에 퍼져 있는가를 보여 준다는 점은 주목할 만합니다.

- 예수님을 따름 안에 포함되는 실재. 앞에서, 예수님께서 그 나라의 본질에 대한 간략한 요약을 남기려 하지 않으셨다는 점을 지적했습니다. 그분께서는 언제나 비유를 이야기하시고 태도를 말씀하시며, 참된 행복에 관한 말씀에서와 같이 윤리적, 도덕적, 신학적 지침들을 주셨습니다. 물론 이러한 지침들을 이론적으로 정리하기는 그리 쉽지 않지만, 이를 실천하는 이들은 이해할 수 있는 실재를 알려 주셨습니다.

"아버지의 나라가 오시며"라는 기도는 가난하고 겸손하게, 무시 속에서 시작하는 실재가 점점 사람들의 마음을 정복하고 기쁘고 자유롭게 받아들여지기를 바라는 제자의 겸손한 갈망을 말해 줍니다.

하늘나라의 위대함은 모든 것이 자유, 온유함, 자발성, 설득에 달려 있다는 데에 있습니다. 그리고 그것은 하늘나라의 약함이기도 합니다. 그 나라가 힘이나 군대에, 무력이나 경제력에, 지적이거나 정치적인 능력에, 사람들의 동의를 얻어 내는 능력에 맡겨져 있지 않기 때문입니다. 하늘나라는 마음 안에 있는 실재이지만, 그것이 이룩하는 삶의 변화를 통하여 우주를 정복합니다. 하늘나라의 삶의 방식의 전형적 표현인 참된 행복을 생각해 봅시다.

이제 여러분은 하늘나라를 정확히 정의하는 것이 어렵다는 점을 이해할 수 있을 것입니다. 저는 인용문들을 통해서, 그리고 무엇보다 성령께서 우리에게 복음을 깊이 이해하게 해 주시고 산상 설교에서, 비유들에서, 파견 설교에서, 그리고 예수님의 다른 많은 말씀에서 제시되는 하늘나라의 올바른 의미를 파악할 수 있게 해 주시기를 청함으로써 그 정의에 도달하고자 했습니다.

이렇게 하늘나라는 쉽게 정의되지 않지만, 매일 예수님을 따르며 그분 복음의 말씀을 신뢰할 때에 체험되는 실재입니다. 그것은 공생활의 시작인 요르단 강에서부터 죄인들 사이에 서시어 당신 자신을 낮추시고 그럼으로써 겸손하게 감추어진 채로 특권을 버리면서 하느님 나라를 선포하고자 하신 그 예수님을 따르기 시작하면서 체험하는 실재입니다.

그러므로 그 나라가 오도록 청하는 것은 옳은 일입니다. 그것은 우리가 정복하는 것일 수 없기 때문입니다. 그 나라를 이루시는 분은 하느님이십니다. 그분께서는 마음 안에 들어가시어 사로잡으십니다. 성령의 은총으로 영혼들을 차지하시고, 예수님의 모습으로 변화시키십니다. 다른 말로 하면 그 나라는 바로 예수님이시며, 그분의 삶이고, 살고 사랑하고 고통을 받으시는 그 방식입니다. 그래서 그 나라는 사랑을 위한 예수님의 십자가 죽으심에서 장엄하고 절대적으로 드러납니다. 다른 말로 하면 그 나라는 바로 예수님이시고, 그분의 삶이고, 그분께서 살고 사랑하고 고통을 받으시는 방식입니다. 그래서 그 나라는 십자가에서, 사랑을 위한 예수님의 죽음에서 장엄하게 돌이킬 수 없이 드러납니다.

"아버지의 나라가 오시며"는 매우 높은 요청이고, 아마도 우리는 예수님께서 어느 날 제자들에게 말씀하셨듯이 "너희는 너희가 무엇을 청하는지 알지도 못한다."(마태 20,22)라고 말해야 할지도 모릅니다. 우리는 추론보다는 직관으로 청하는 것이며, 눈앞에 정확한 표상을 가지고 있어서라기보다 마음 깊은 곳에서 갈망하면서 청하는 것입니다. 이것이 하느님 나라의, 그 자유의, 그 자발성의, 강요하지 않고 마음들을 정복하는 능력의 특징이고 또한 그 눈에 띄지 않고 보이지 않음의 특징입니다.

- 바오로 사도의 정의. 예수님께서 그 나라를 정의하려 하지 않으시고 오히려 그것을 삼가셨다면, 특히 바오로 사도는 그의 사도적 서간들에서 그 나라를 더 분명하게 밝혀 줍니다. 하늘나라를 자주 말하지는 않지만, 매우 설득력 있게 요약해 줍니다.

- 로마 신자들에게 보낸 서간 14장 17절이 생각납니다. "하느님의 나라는 먹고 마시는 일이 아니라, 성령 안에서 누리는 의로움과 평화

와 기쁨입니다." 하늘나라에 대한 이 '준-정의'는 매우 아름답습니다. 의로움, 그러나 하늘나라의 의로움 곧 하느님의 자비로운 정의에 성령 안에서 누리는 평화와 기쁨이 뒤따릅니다.

- 바오로 사도의 다른 뛰어난 한 단락이 있는데, 거기에서는 정의를 내리는 것이 아니라 태도들을 서술합니다. "성령의 열매는 사랑, 기쁨, 평화, 인내, 호의, 선의, 성실, 온유, 절제입니다."(갈라 5,22-23) 이것이 성령의 열매이고 하늘나라입니다.

- 코린토 신자들에게 보낸 첫째 서간 4장 20절에서도 인용할 수 있을 것입니다. 이 구절은 수수께끼와 같은 면이 있지만 우리를 비추어 줍니다. 바오로 사도는 그를 비판하는 이들에게 이렇게 말합니다. "주님께서 원하시면 나는 여러분에게 곧 갈 것입니다. 그리고 그 우쭐거리는 이들의 말이 아니라 힘을 확인해 보겠습니다. 하느님의 나라는 말이 아니라 힘에 있기 때문입니다."(코린 4,19-20) 여기서 힘은 무엇보다도 인간의 삶을 변화시키는 것이고, 또한 그러한 변화를 통하여 기적을 이룰 수 있는 능력을 뜻합니다.

저는 하늘나라에 대한 몇 가지 묘사와 정의들을 모아 보려 했습니다. "아버지의 나라가 오시며"라는 청원의 깊은 의미 안으로 들어가기 위해서는 평생이 필요하다는 것을 말하기 위해서였습니다.

누룩처럼, 씨앗처럼

다른 한편으로, 우리가 그 청원을 반복하는 것은 하느님 나라가 아직 충만하게 와 있지 않음을 보여 줍니다. 사실 그 나라는 숨겨져 있고, 누룩이고 씨앗이고 작은 싹이고 가는 풀이어서, 그것을 알아보기 위해서는 신앙의 눈이 필요합니다.

오늘날에는 분명 사탄의 세력이 더 눈에 띕니다. 하지만 우리는 예수님의 업적이 죄, 교만, 성공에 대한 욕심, 과도한 권력, 다른 이들에 대한 배척으로 표현되는 그러한 사탄의 세력을 결박하여 하늘나라가 오도록 하는 것임을 알고 있습니다.

"먼저 힘센 자를 묶어 놓지 않고서는, 아무도 그 힘센 자의 집에 들어가 재물을 털 수 없다. 묶어 놓은 뒤에야 그 집을 털 수 있다."(마르 3,27) 예수님께서는 힘센 자를 묶어 놓은 분이십니다. 예수님은 평생 동안, 특히 당신의 수난과 죽음에서 사탄을 묶으셨고 죽음의 힘을 묶으셨으며 죽음을 꺾으셨습니다.

우리가 살고 있는 오늘, "힘센 자"는 지금도 활동하고 있고 어떤 식으로 지배하고 있는 것으로 보입니다. 그러나 비록 사탄이 막강한 힘을 지닌 것으로 보이더라도 우리의 신앙은 사탄에 맞서면서 씨앗처럼 그리고 누룩처럼 역사를 부풀게 하는 하늘나라의 조용한 현존을 알아봅니다.

아버지의 나라가 온다는 것

하늘나라는 어떻게 올까요? 분명 우리 업적의 힘으로 오게 되는 것은 아닙니다. 하느님의 힘으로, 예수님의 힘으로, 성령의 은총으로 옵니다. 우리는 예수님의 겸손한 능력이 최종적으로 완전하게 드러나게 되기를 신뢰를 가지고 청하면서 갈망합니다.

어떤 주석 학자들은 "아버지의 나라가 오시며"라는 청원이 마지막 종말론적인 하느님 나라의 도래를 뜻하는 것인지 아니면 지금 매일 오고 있는 나라를 가리키는 것인지에 대해 토론합니다. 저는 이 청원을 현재에 관한 것으로 이해하는 편이 우리의 묵상 전체에 더 맞는다고 생각합니다. "아버지의 나라가 오시며"는 주님께 그분 진리의 겸손하고 신중하고 신비롭고 온건하고 온유한 능력이 드러나기를 청하는 것입니다.

물론 우리는 마지막의 충만함도 바라봅니다. 죽음이 패배하고 더이상 눈물도 슬픔도 폭력도 없는, "이전 것들이 사라져" 버릴 때(묵시 21,4 참조) 하느님 나라가 최종적으로 드러날 것입니다.

이 하늘나라의 도래에 관하여 마지막으로 한 가지를 언급하려 합니다.

우리는 이 청원이 루카 복음서에서 더 구체적인 맥락 안에 자리하고 있음을 보았습니다. 그런데 루카 복음서 11장 앞에는, 예수님께서 당신 나라의 본성을 조금씩 알려 주시는 선언들이 들어 있습니다.

첫째로, "사람의 아들은 반드시 많은 고난을 겪고 원로들과 수석 사제들과 율법 학자들에게 배척을 받아 죽임을 당하였다가 사흘 만에 되살아나야 한다."(루카 9,22)

둘째로, "그리고 두 사람이 예수님과 이야기를 나누고 있었다. 그들은 모세와 엘리야였다. 영광에 싸여 나타난 그들은 예수님께서 예루살렘에서 이루실 일, 곧 세상을 떠나실 일을 말하고 있었다."(루카 9,30-31)

다음으로 세 번째 선언이 있습니다. "사람들이 다 예수님께서 하신 모든 일을 보고 놀라워하는데, 예수님께서 제자들에게 이르셨다. '너희는 이 말을 귀담아들어라. 사람의 아들은 사람들의 손에 넘겨질 것이다.'"(루카 9,43-44)

예수님께서는 당신의 수난을 통하여 그 나라를 실현하시는 것입니다.

희망과 평화 안에서

그렇다면 이 청원은 어떤 태도로 표현되며, 또 어떤 태도들을 제시합니까?

제 생각에, 지금까지 설명하려 한 것이 옳다면, 근본적인 태도는 마치 그 나라를 강제로 위에서 아래로 끌어내려야 하는 것처럼 하늘나라가 오게 하는 노력이 아니라 오히려 희망과 평화의 자세입니다.

바오로 사도는 이렇게 말합니다. "희망의 하느님께서 여러분을 믿음에서 얻는 모든 기쁨과 평화로 채워 주시어, 여러분의 희망이 성령의 힘으로 넘치기를 바랍니다."(로마 15,13)

이 기도는 큰 희망과 절대적 신뢰, 그리고 주님께 전적으로 의탁하는 데에서 나옵니다. 우리는 그 기도를 바치면서 가난, 사랑, 죽기까지 자신을 내어 주는 삶을 살면서 우리에게 하느님 나라가 어떻게 오는지를 가르치시는 예수님의 발자취를 따라 걷고자 합니다.

분명 이것은 쉽지 않은 청원이고 복음 전체를 포함합니다. 아무리 묵상해도 다할 수 없을 것입니다. 그 의미는 우리가 겸손하게 기도하고 또 참된 행복에서 시작하여 예수님께서 하늘나라의 특징이라고 알려 주신 태도들을 증언할 때 서서히 우리에게 드러나게 될 것입니다.

묵상 8

아버지의 뜻이 하늘에서와 같이
땅에서도 이루어지소서

이 묵상을 시작하면서 요한 23세 성인 교황님의 영적 유언에서 몇 구절을 함께 읽으려 합니다. "작별이나 인사를 할 때 나는 모든 이들에게 삶 안에서 소중한 것을 상기시킨다. 찬양받으실 예수 그리스도, 그분의 거룩한 교회, 그분의 복음, 그리고 복음 안에서 특히 주님의 기도를 예수님과 복음의 정신과 마음 안에서 상기시킨다."

이 말씀은 깊은 감명을 줍니다. 오늘이 전통적으로 예수 성심을 기리는 이 달의 첫 금요일이기 때문입니다. 그리고 이 피정에서 우리는 바로 그분의 마음 안에, 기도 안에, 우리에게 가르치셨고 분명 그분 자신의 내밀한 의식 안에 깊이 자리하던 것에 상응하는 그 기도 안에 들어가려 하고 있습니다.

우리는 앞의 묵상에서, 예수님의 의식 가장 깊은 곳에는 하늘나라에 대한 갈망이 자리하고 있었음을 기억했고, 그 나라를 정의하는 것이 매우 어렵다는 것을 보았습니다. 하늘나라는 바로 그분이고, 그분의 삶과 수난과 죽음과 부활과 승천 안에 있으며, 그래서 우리 안에 그분과 같은 마음을 가져야 하는 것이기 때문입니다.

주 예수님, 바오로 사도가 언제나 "그리스도 예수님께서 지니셨던 바로 그 마음을 여러분 안에 간직하십시오."(필리 2,5)라고 권고하는 그 체험을 지닐 수 있는 은총을 주시기를 청합니다. 당신께서 당신의 온 마음을 담으셨던 주님의 기도를 묵상함으로써 당신을 깊이 알 수 있는 은총을 청합니다. 오늘은 제가 언제나 많이 사랑하는 그레고리오 성인을 전례적으로 기념하는 날입니다. 주님의 기도를 온전히 이해하고자 하는 저희의 갈망을 성인의 전구에 맡깁니다.

오늘 묵상하고자 하는 "아버지의 뜻이 하늘에서와 같이 땅에서도 이루어지소서"라는 청원은 루카 복음서에는 없고, 마태오 복음서에만 전해집니다. 루카가 그것을 생략했는지 아니면 마태오가 첨가했는지 질문을 합니다. 그것이 본래 기도에 들어 있었다면 루카가 그 구절을 삭제했다고 보기에는 어려울 것으로 보입니다. 다른 한편으로 그것은 이제 살펴볼 것처럼 예수님의 마음의 생각과 정신에 온전히 부합합니다. 그래서 이 구절은, 사실 아버지의 나라가 오시기를 청한 데에 모든 것이 포함되어 있으므로 반드시 필요한 것은 아니라 하더라도, 매우 유익합니다. 그래서 마태오는 이 구절을 더함으로써 하늘나라는 하느님의 뜻이 이루어지는 데에서 구체적으로 실현된다고 말하려 한 것입니다.

이 피정 동안 우리는 삶 안에서 하느님의 뜻을 찾고자 합니다. 이냐시오 데 로욜라 성인이 첫 번째 설명에서 말하듯이, 영신 수련은 "온갖 무질서한 애착을 없애도록 우리 정신을 준비하고 내적 자세를 갖추며 그런 다음에 영혼의 구원을 위하여 자신의 인생에 대한 하느님의 뜻을 찾고 발견"(1항)* 하는 것입니다.

마태오 복음서 26장의 극적인 구절들을 배경으로 기억합시다. 이 구절들은 아버지의 뜻이 이루어지도록 그 나라가 오기를 간절히 갈망하신 예수님도 그 뜻을 받아들이기가 쉽지 않으셨음을 보여 줍니다. "아버지, 하실 수만 있으시면 이 잔이 저를 비켜 가게 해 주십시오. 그러나 제가 원하는 대로 하지 마시고 아버지께서 원하시는 대로 하십시오."(마태 26,39) 그리고 마침내 이렇게 말씀하십니다. "아버지, 이 잔이 비켜 갈 수 없는 것이라서 제가 마셔야 한다면, 아버지의 뜻이 이루어지게 하십시오."(마태 26,42) 그러므로 주님의 기도의 청원은 예수님께서 당신 삶의 가장 어두운 순간에 말씀하신 것입니다.

언제나 하느님께서 기뻐하시는 것을 행하셨고 천사의 예고 이후에 하느님의 뜻에 자신을 바치셨던 성모님께, "하늘에서와 같이 땅에서도" 이루어지기를 기원하는 그 뜻이 무엇인지를 깨닫도록 도와주시기를 청합시다.

이 주제에 대해서는, 먼저 한 가지의 전제를 말한 다음 두 가지를, 곧 예수님과 제자들 안에서 이루어지는 하느님의 뜻과 우리 안에서 이루어지는 하느님의 뜻을 숙고하려고 합니다. 마지막으로는 "하늘에서와 같이 땅에서도"라는 구절에 대해 몇 가지를 고찰할 것입니다.

두 가지로 이해하는 하느님의 뜻

하느님의 뜻은 두 가지로 이해할 수 있습니다. 초월적인 뜻이 있고 범주적인 뜻이 있습니다.

− 초월적인 하느님의 뜻은 하느님의 전체적인 계획, 우주에 대한 하느님의 계획, 모든 이들의 구원이라는 전체적인 뜻이며 요한 복음서에서 가장 아름답게 요약하여 표현한 것입니다. "하느님께서는 세상을 너무나 사랑하신 나머지 외아들을 내주시어, 그를 믿는 사람은 누구나 멸망하지 않고 영원한 생명을 얻게 하셨다. 하느님께서 아들을 세상에 보내신 것은, 세상을 심판하시려는 것이 아니라 세상이 아들을 통하여 구원을 받게 하시려는 것이다."(요한 3,16-17) 이것이 모든 것을 포괄하는 초월적인 하느님의 뜻입니다. 그 뜻은 모든 것을 포괄하고, 모든 상황을 설명하며, 역사의 모든 사건들 안으로 스며듭니다.

바오로 사도는 에페소 신자들에게 보낸 서간의 훌륭한 찬가에서, 특히 1장 9-10절에서 이러한 보편적 의지를 노래했습니다. "그리스도 안에서 미리 세우신 당신 선의에 따라 / 우리에게 당신 뜻의 신비를 알려 주셨습니다. / 그것은 때가 차면 하늘과 땅에 있는 만물을 / 그리스도 안에서 그분을 머리로 하여 한데 모으는 계획입니다."

콜로새 신자들에게 보낸 서간 1장 15-20절에서 바오로 사도는 이렇게 설명합니다. "그분은 보이지 않는 하느님의 모상이시며 / …… 만물이 그분을 통하여 또 그분을 향하여 창조되었습니다. / …… 과연 하느님께서는 기꺼이 그분 안에 / 온갖 충만함이 머무르게 하셨습니다. / 그분 십자가의 피를 통하여 평화를 이룩하시어 / 땅에 있는 것이든 하늘에 있는 것이든 / 그분을 통하여 그분을 향하여 / 만물을 기꺼이 화해시키셨습니다." 여기에서 하느님의 초월적인 뜻은 십자가를 언급함으로써, 어떤 의미로는 이미 범주적으로 되었고 더 구체적으로 되었습니다.

티모테오에게 보낸 첫째 서간에서 사도는 모든 이들을 위하여 기도하도록 권고합니다. "그렇게 하는 것이 우리의 구원자이신 하느님께서 좋아하시고 마음에 들어 하시는 일입니다. 하느님께서는 모든 사람이 구원을 받고 진리를 깨닫게 되기를 원하십니다."(1티모 2,3-4) 이것이 하느님의 전체적인 계획이고 그분의 뜻이며, 모든 사람들에 대한 구원 계획입니다. 하느님께서 이 계획이 이루어지기를 바라신다는 것을 아는 것은 우리에게 위로가 됩니다.

— 반면 범주적이라고 일컬어지는 하느님의 계획은 시간 안에서 구체화되는 것이고, 오늘에, "지금 여기"에 관련된 것이며, 초월적인 뜻에서 결코 분리되지 않습니다.

그 뜻은 계명들로, 십계명으로 표현됩니다. 이것이 우리 시대를 위한 하느님의 뜻이고, 특히 정의의 큰 계명입니다.

예수님께서는 부자 청년에게 말씀하십니다. "'네가 생명에 들어가려면 계명들을 지켜라.' 그가 '어떤 것들입니까?' 하고 또 묻자 예수님께서 이르셨다. "살인해서는 안 된다. 간음해서는 안 된다. 도둑질해서는 안 된다. 거짓 증언을 해서는 안 된다. 아버지와 어머니를 공경하여라.' 그리고 '네 이웃을 너 자신처럼 사랑해야 한다.'는 것이다.'" (마태 19,17-19)

사랑의 계명에 관한 예수님의 대답도 뛰어납니다. "그들 가운데 율법 교사 한 사람이 예수님을 시험하려고 물었다. '스승님, 율법에서 가장 큰 계명은 무엇입니까?' 예수님께서 그에게 말씀하셨다. "네 마음을 다하고 네 목숨을 다하고 네 정신을 다하여 주 너의 하느님을 사랑해야 한다.' 이것이 가장 크고 첫째가는 계명이다. 둘째도 이와 같다. '네 이웃을 너 자신처럼 사랑해야 한다.'는 것이다. 온 율법과 예언서의 정신이 이 두 계명에 달려 있다.'" (마태 22,35-40)

하느님의 뜻은 그분께서 원하시는 대로 되기 위하여, 그분의 자녀가 되기 위하여, 자녀의 정신을 참으로 살기 위하여 요구되는 규정, 계명, 행위들로 구체화됩니다.

신약 성경에는 구체적인 하느님의 뜻을 나타내는 다른 표현들이 있습니다. 예를 들어봅시다. "이와 같이 이 작은 이들 가운데 하나라도 잃어버리는 것은 하늘에 계신 너희 아버지의 뜻이 아니다."(마태 18,14) 다른 중요한 단락은 로마 신자들에게 보낸 서간에 들어 있습니다. "그러므로 형제 여러분, 내가 하느님의 자비에 힘입어 여러분에게 권고합니다. 여러분의 몸을 하느님 마음에 드는 거룩한 산 제물로 바치십시오. 이것이 바로 여러분이 드려야 하는 합당한 예배입니다. 여러분은 현세에 동화되지 말고 정신을 새롭게 하여 여러분 자신이 변화되게 하십시오. 그리하여 무엇이 하느님의 뜻인지, 무엇이 선하고 무엇이 하느님 마음에 들며 무엇이 완전한 것인지 분별할 수 있게 하십시오."(로마 12,1-2)

범주적인 하느님의 뜻에 부합하는 것의 매우 아름다운 예가 사도행전에 있는데, 거기서는 다윗에 대해 이렇게 말합니다. "그리고 나서 그를 물리치시고 그들에게 다윗을 임금으로 세우셨습니다. 그에 대해서는 '내가 이사이의 아들 다윗을 찾아냈으니, 그는 내 마음에 드는 사람으로 나의 뜻을 모두 실천할 것이다.' 하고 증언해 주셨습니다."(사도 13,22)

하느님의 범주적인 뜻은, 우리가 그것을 행할 때 참으로 그분의 자녀가 되게 하고 "그분 마음에 들게" 하는 것입니다.

이렇게 하여 우리는 우리에게 더 직접 관련되는 질문에 도달하게 되었습니다. 하느님의 뜻, 그분 마음에 드는 것, 선한 것, 완전한 것을 어떻게 알 수 있을까요?

단계적으로 접근해 봅시다.

예수님과 제자들 안에서

- 무엇보다 먼저, 복음서들은 예수님께서 하느님의 뜻에 온전히 젖어 계신 것을 보여 줍니다. "아버지께서 원하시는 대로 하십시오."라고 외치실 때 그분은 그분께서 늘 지니셨던 깊은 지향을 드러내십니다. 하느님의 뜻을 행할 때에 하느님의 나라가 이루어집니다.

요한 복음서의 몇 단락을 인용하겠습니다. "나는 내 뜻이 아니라 나를 보내신 분의 뜻을 실천하려고 하늘에서 내려왔기 때문이다."(요한 6,38) "내 아버지의 뜻은 또, 아들을 보고 믿는 사람은 누구나 영원한 생명을 얻는 것이다."(요한 6,40) "나를 보내신 분께서는 나와 함께 계시고 나를 혼자 버려두지 않으신다. 내가 언제나 그분 마음에 드는 일을 하기 때문이다."(요한 8,29) 그리고 이것은 우리에게, 사마리아의 우물 곁에서 먹을 것을 청하는 제자들에게 예수님께서 대답하시는 아름다운 단락을 연상시킵니다. "내 양식은 나를 보내신 분의 뜻을 실

천하고, 그분의 일을 완수하는 것이다."(요한 4,34)

우리는 예수님께서 아버지의 뜻에 잠기시고, 그 뜻으로 변모되고, 그 뜻에 동화되신 것을 볼 수 있습니다.

– 그러한 뜻을 따르는 것은 제자들의 특징이기도 합니다. 마태오 복음서의 한 단락과 마르코 복음서의 한 단락이 떠오릅니다.

산상 설교의 마지막에서는 이렇게 말합니다. "나에게 '주님, 주님!' 한다고 모두 하늘나라에 들어가는 것이 아니다. 하늘에 계신 내 아버지의 뜻을 실행하는 이라야 들어간다."(마태 7,21) 그러니 예수님께서 강조하시는 것은 "주님, 주님"이라고 되풀이하여 말하는 것이 아니라 아버지의 뜻을 실행하는 것입니다.

마르코 복음서의 본문에서 예수님은 더 부드럽고 따뜻하게, 애정을 품고 말씀하십니다. "그리고 당신 주위에 앉은 사람들을 둘러보시며 이르셨다. '이들이 내 어머니고 내 형제들이다. 하느님의 뜻을 실행하는 사람이 바로 내 형제요 누이요 어머니다.'"(마르 3,34-35) 하느님의 뜻을 행함으로써 우리는 이 세상의 가족이나 애정의 유대를 뛰어넘는 예수님과의 유일한 내밀함을 얻게 됩니다. 그것이 우리를 창조하시고, 우리를 사랑하시고, 우리를 위하여 당신 목숨을 바치시고, 우리의 전부이신 분의 뜻이기 때문입니다. 그리고 우리는 온전히 그분의 것이 됩니다. 아가에서는 이를 "나의 연인은 나의 것, 나는 그이의 것."(아가 2,16) 이라고 표현합니다.

우리 안에서

나에 대한, 교회에 대한, 세상에 대한 하느님의 뜻은 무엇일까요?
- 분명 그 뜻은 계명과 교회의 규정들, 그리고 교회법의 결정들에 매우 분명하게 표현됩니다. 각각의 내용에 따라 그 구속력은 서로 다를 수 있습니다.

하느님의 뜻은 하느님과 다른 이들에 대하여 자유롭게 받아들인 의무로도 표현됩니다. 이와 관련하여, 주교로서 신부 수천 명이 있고 그들 가운데 일부는 사제직의 위기를 겪고 있는 큰 교구를 맡았던 제 경험에 비추어 볼 때, 그들이 가장 깊은 위기에서도 하느님께서 나에게 무엇을 원하시는가를 물었다는 사실은 저에게 부정적인 의미에서 깊은 인상을 주었습니다. 그 일부 사제들은 교회와 신자들과 사회를 향하여 지니고 있던 어떤 의무들을 완전히 잊었고, 하느님의 뜻을 살기 위해 필요한 계약과 임무를 존중하고 약속을 지키는 것을 잊었습니다. 그런 것들도 하느님의 뜻입니다. 물론 예외적인 상황이 있을 수 있고, 교회는 때로 관면을 허락합니다. 그러나 어떤 사람이 구체적인 한 공동체에 의무를 맡았다면, 특히 공적으로 장엄하게 그렇게 했다면, 마치 하느님 앞에서의 개인적 삶만이 중요한 것인 양, 그 의무가 존재하지 않는 양 쉽게 관면을 받을 수는 없습니다. 그는 공식적으로 어떤 공동체 앞에서 약속한 것이고, 그 공동체 앞에서 자신의 의무와 또한 자신의 행동이 가져오는 결과들을 생각해야 합니다.

- 어쨌든, 하느님 뜻의 이 상세한 지침들 외에도 주님께서 우리에게 즉각적으로 요구하실 수 있는 여지는 아직도 많이 있습니다. 이것은 성령께서 직접 움직이시는 영역입니다. 우리는 처음에 피정이 힘이고 역동이고 성령의 직무이며 직접성의 직무라고 말했습니다. 그것이 하느님께서 계명과 규정들로 우리에게 명하시는 것 외에, 어떤 계명이나 규정이나 교회법에도 들어 있지 않은 요구들에 관련되기 때문입니다. 이러한 요구들은 하느님과 나의 역사이고, 나에 대한 그분의 직접적인 말씀입니다.

예를 들어 성소가 이러한 전망 안에 포함됩니다. 아무도 교회법이나 교회에 의하여 성소를 받아들이도록 의무 지어지지 않습니다. 그것은 하느님과 나의 역사이고, 그분 말씀에 대한 나의 응답입니다.

그리고 성소의 영역 안에서, 매일 하느님과 직접 접촉하는 데에 맡겨져 있고 따라서 매일 식별의 대상인 선택들도 있습니다. 예를 들어 기도의 시간과 방법, 노동과 휴식의 시간과 방법, 우정을 조절하는 방법, 사도적 열정의 영역에 관련된 모든 것들을 생각할 수 있습니다. 여기에서 우리의 선택이나 발의는 의무적인 것이 아니지만 하느님의 뜻에 부합해야 하고, 식별의 대상이 됩니다.

하느님의 뜻을 아는 것은 나의 평화를 위하여, 나의 진리를 위하여, 성령을 통하여 나에게 전해진 예수님의 말씀에 따라 이루어지는 내 삶의 진정성을 위하여 중요합니다. 하지만 쉬운 일은 아닙니다. 우리는 얼마나 자주, 때로는 걱정하며, 내가 정말로 하느님의 뜻을 행하는지를 묻게 됩니까? 내가 시작한 일, 내가 한 선택은 정말로 하느님의 마음에 들까요? 그 질문은 때로는 고민스럽고, 때로는 불확실하여 오랫동안 우리를 괴롭힐 수도 있습니다.

사람들은 흔히 우리 신부들에게 어떻게 하느님의 뜻을 알 수 있을지를 묻습니다. 하느님께서 정말로 나에게 이것을 원하실까요? 혹시 내가 아직 파악하지 못한 어떤 것을 원하실까요? 이런 질문에 수학적인 대답은 없습니다. 오히려 저는 주님께서 우리를 불안하게 만드시고, 그 대답을 찾는 과정을 통하여 우리가 정화되고 무질서하거나 그저 나약하고 환상적인 욕구들에서 해방되며 참으로 주님께서 우리에게 바라시는 바를 찾도록 하신다고 믿습니다.

식별이라는 어려운 일에서 도움을 받을 수 있도록 몇 가지 "규칙들"을 찾아볼 수 있을 것입니다. 제가 지금 이 규칙들을 이야기하는 것은 이 피정 때에 그리고 그 후의 일상생활에서 유익할 것이기 때문입니다.

첫째의 가장 확실한 규칙을 설명하기 위하여, 모세가 산 위에 있었던 장면을 사용하겠습니다.

"모세가 아뢰었다. '당신의 영광을 보여 주십시오.' 그러자 주님께서 대답하셨다. '나는 나의 모든 선을 네 앞으로 지나가게 하고, 네 앞에서 '야훼'라는 이름을 선포하겠다. 나는 내가 자비를 베풀려는 이에게 자비를 베풀고, 동정을 베풀려는 이에게 동정을 베푼다.' 그리고 다시 말씀하셨다. '그러나 내 얼굴을 보지는 못한다. 나를 본 사람은 아무도 살 수 없다.' 주님께서 말씀을 계속하셨다. '여기 내 곁에 자리가 있으니, 너는 이 바위에 서 있어라. 내 영광이 지나가는 동안 내가 너를 이 바위 굴에 넣고, 내가 다 지나갈 때까지 너를 내 손바닥으로 덮어 주겠다. 그런 다음 내 손바닥을 거두면, 네가 내 등을 볼 수 있을 것이다. 그러나 내 얼굴은 보이지 않을 것이다.'"(탈출 33,18-23)

모세는 하느님의 얼굴을 뵙기를 청합니다. 이것은 하느님의 뜻을 분명하게 알게 되는 것을 뜻합니다. 그러나 그 얼굴을 뵙지 못할 것입니다. 하지만 하느님께서 지나가시면, 그분의 뒷모습을 보게 될 것입니다. 이 표상에서 하느님의 뜻은 특히 우리가 평화 안에 머물 때 분명해진다는 것을 깨닫습니다. 어떤 것이 쉽지 않더라도, 시련 속에서도, 건조함 속에서도 우리가 깊은 내적 평화를 지니고 이미 내린 결정에 항구하게 머문다면 그것은 우리가 하느님의 뜻을 실행하고 있다는 표지입니다. 그러므로 하느님의 뜻은 흔히 지나고 나서 알게 되는 것입니다. 모든 선택은 모험입니다. 밀라노에서 겪은 일이 생각납니다. 제가 젊은이들에게 소위 사무엘 그룹이라는 것을 제안하면서, 하느님의 뜻을 알고 싶고 자신의 삶을 전적으로 하느님의 뜻에 맡기고자 한다면 1년 동안 저와 함께 그 길을 가자고 했습니다. 이 제안을 너그럽게 받아들인 젊은이 수백 명과 저는 매달 만남을 가졌고,

그다음에 집에서 할 숙제를 주고 이냐시오 데 로욜라 성인이 말하는 영들의 식별 규칙을 설명했습니다.

그 젊은이들이 매우 열심히 그 여정을 살아가면서도 제게 물었던 가장 고민스러운 질문은 "정말로 하느님의 뜻을 찾았다고 확신할 수 있을까요?"였습니다. 이 점은 저에게 깊은 인상을 주었습니다. 나는 수도 생활을, 사제직을 택하려고 하지만, 하느님께서 그것을 원하신다는 것이 백 퍼센트 확실하다면 그렇게 하겠다는 것이었습니다. 저는 그들에게, 확실한 것을 원한다면 결코 선택하지 못할 것이라고 대답했습니다. 삶은 모험이며, 선택들 특히 우리의 실존적 문제들에 관련된 선택들에는 모험이 따릅니다. 기도, 조언, 숙고를 통한 식별이 필요합니다. 하지만 우리의 선택이 하느님의 뜻에 부합한다는 수학적 확신에는 결코 도달할 수 없을 것입니다. 그러한 확신은 시간이 지나고 항구하게 평화 안에 머물면서야 얻게 될 것입니다.

이사야서의 두 본문을 읽어 보시기 바랍니다. 여기에서는 우리의 약함을 평화로 채워주시는 하느님의 도우심을 말합니다. "이스라엘의 거룩하신 분 / 주 하느님께서 이렇게 말씀하신다. / '회개와 안정으로 너희가 구원을 받고 / 평온과 신뢰 속에 너희의 힘이 있건만.'" (이사 30,15) "너는 알지 않느냐? / 너는 듣지 않았느냐? / 주님은 영원하신 하느님 / 땅끝까지 창조하신 분이시다. / 그분께서는 피곤한 줄도 지칠 줄도 모르시고 / 그분의 슬기는 헤아릴 길이 없다. / 그분께서는 피곤한 이에게 힘을 주시고 / 기운이 없는 이에게 기력을 북돋아 주신다. / 젊은이들도 피곤하여 지치고 / 청년들도 비틀거리기 마련이지만 / 주님께 바라는 이들은 새 힘을 얻고 / 독수리처럼 날개 치며 올라간다. / 그들은 뛰어도 지칠 줄 모르고 / 걸어도 피곤한 줄 모른다."(이사 40,28-31)

평화 안에 항구하게 머무는 것은 참으로 주님의 뜻의 표지입니다.

다른 식별 방법들도 있고, 이냐시오 데 로욜라 성인은 이를 자세히 설명합니다. 여기서는 좋은 선택을 하기 위한 때를 일반적으로 설명하는 단락만을 인용하겠습니다.

— 첫 번째 때는 "첫번째 시기는 우리 주 하느님이 의지를 움직이고 이끌어서, 의심 없이 또 의심할 수도 없이, 그 열심한 영혼이 자기에게 제시된 것을 따르게 되는 경우이다. 이는 바오로 사도와 마태오 사도가 우리 주 그리스도를 따를 때 했던 선택이다."(175항)*

이러한 식별 방법은 거의 카리스마적이라고 말할 수 있지만, 그리 드물지 않습니다. 확실하고 평온한 선택, 어떤 의심도 없는 선택이 있습니다(하느님께서 나에게 이것을 청하시고 나는 거기에 투신합니다). 저는 언제나, 제가 예루살렘으로 가기로 한 선택에는 어떤 논리적 이유도 없었고 카리스마적인 선택이었다고 말했습니다. 이 점에서 저는 바오로 사도가 밀레토스에서 한 연설에서 위로와 지지를 느낍니다. "그런데 이제 나는 성령께 사로잡혀 예루살렘으로 가고 있습니다. 거기에서 나에게 무슨 일이 닥칠지 나는 모릅니다."(사도 20,22) 카리스마적인 선택에는 찬성과 반대의 평가가 없고, 어떤 특별한 사명을 찾는 것도 아니며, 오히려 성령께서 감도하시는 것입니다. 적어도 오늘까지 저는 제 선택에 조금도 의심을 품은 일이 없고, 그 선택은 확증된 것으로 보입니다.

− 둘째는 "위로와 실망의 체험 및 다양한 영들의 분별 체험을 통해서 상당한 명확성과 인식을 얻는 경우이다."(176항)* 절대적인 분명함은 아닙니다. 이것은 앞에서 말했던 식별 규칙들의 적용입니다. 우리를 기쁨 안에 머물게 하는 것과 반대로 우리 안에 괴로움과 불쾌함을 일으키는 것을 고찰합니다. 다시 말하면 위로와 슬픔에 따라 찬성과 반대를 평가하면서 성령께서 우리를 움직여 가시는 방향을 향하게 됩니다. 그렇게 해서 조금씩 하느님의 뜻을 찾아갑니다.

수많은 성소가 이렇게 해서 생겨났습니다. 어떤 불쾌함에서, 세속적 활동이나 애정이나 어떤 상황이 우리에게 불충분하다고 느끼게 하는 데에서 시작한 것입니다. 그러면 우리를 이끄시는 성령의 작용으로, 무엇인가를 더 하도록 부름받음을 느끼게 됩니다.

− 셋째는 "세 번째 시기는 평온한 시기이다. 먼저 인간이 태어난 목적, 즉 우리 주 하느님을 찬미하고자 자기 영혼을 구원하려는 목적을 생각하고 이것을 원하면서" 즉, 하느님의 초월적이 뜻을 생각하면서 "교회의 테두리 안에서 어떤 생활이나 신분을 수단으로 선택

하여 자기 주님을 섬기고 자기 영혼을 구원하는 데 도움이 되게 하는 것이다. 여기서 평온한 시기라 함은 영혼이 여러 가지 영들에 의해 동요되지 않고 본성의 능력들을 자유롭고 침착하게 활용하는 시기를 말한다."(177항)*

이때는 합리성의 때입니다. 언제나 신앙과 복음의 감도를 받으면서도, 찬성과 반대의 논거들을 평가합니다. 많은 사목적 결정들이 이렇게 이루어집니다. 단순히 어떤 카리스마적 자극에 의해 이루어지는 것이 아니라 교회의 가르침과 심리학과 사회학에 비추어 찬성과 반대의 이유를 검토하고 나서 이런저런 행동 방식을 선택하는 것입니다.

하늘의 예루살렘이 오도록

주님의 기도의 청원에서 마지막 부분이 남았습니다. "하늘에서와 같이 땅에서도"라는 쉽지 않은 구절입니다.

사실 하늘과 땅의 대응은 마태오 복음서에서 여러 차례 나타납니다.

"하늘에 계신 우리 아버지"에 대한 묵상에서도 베드로 사도에게 하신 약속을 인용했습니다. "그러니 네가 무엇이든지 땅에서 매면 하늘에서도 매일 것이고, 네가 무엇이든지 땅에서 풀면 하늘에서도 풀릴 것이다."(마태 16,19) 이 구절은 마태오 복음서 18장 18절에서 반복됩니다. "너희가 무엇이든지 땅에서 매면 하늘에서도 매일 것이고, 너희가 무엇이든지 땅에서 풀면 하늘에서도 풀릴 것이다." 다음 구절도 인용했습니다. "내가 또 진실로 너희에게 말한다. 너희 가운데 두 사람이 이 땅에서 마음을 모아 무엇이든 청하면, 하늘에 계신 내 아버지께서 이루어 주실 것이다."(마태 18,19)

그러니 이 대응은 마태오에게 상당히 일반적인 것입니다.

저는 "하늘에서와 같이 땅에서도"라는 표현 전체가 무엇을 의미할 수 있을지 많이 생각해 보았습니다. 비록 하느님께서 뜻하시는 것을 알고 행하려는 우리의 추구에 대해 길게 다루기는 했지만, 아마도 이것이 어떤 결심이 아닌 청원이라는 점을 강조해야 한다고 생각합니다. 우리는 하느님께서 행하시기를, 초월적인 뜻이든 범주적인 뜻이든 그분의 뜻이 이루어지기를 청합니다.

이 점을 고려한다면, "하늘에서와 같이 땅에서도"는 이렇게 옮길 수 있을 것입니다. 당신의 뜻이, 당신의 정의가, 당신의 진리가, 당신의 평화가, 하늘에서 이루어지는 것과 같이 즉시, 우아하게, 기쁘게, 단호하게, 정확하게 이루어지소서.

하느님 나라가 지금 시작되는 천상 예루살렘이라면, 우리가 갈망하는 것은 눈물도 고통도 없고 이전의 것은 사라진, 의로움이 늘 다스리는 그 천상 예루살렘이 마침내 오는 것입니다. 우리가 확신을 갖고 평화와 기쁨으로 기꺼이 이루어야 할 그 구체적인 하느님의 뜻이 실현되기를 바라는 것입니다. 우리가 청하는 것은, 땅 전체가 하느님의 거처로서 천상 예루살렘의 충만함에서 나오는 평화와 빛을 발하는 것입니다.

  주님, 주님께서는 당신께서 저희에게 무엇을 원하시는지 아십니다. 저희는 그것을 잘 알지 못하고, 때로는 잘못된 길을 돌아보고 또 돌아보느라 시간을 잃어버립니다. 당신께서 저희에게 바라는 것을 알 수 있도록 빛과 분명함을 주시고, 하늘에서 당신의 뜻이 이루어지는 것과 같이 그것을 평온하고 민첩하게 열심히 실천할 힘을 주십시오.

묵상 노트

"나를 따라오너라. 내가 너희를 사람 낚는 어부로 만들겠다."
(마태 4,19)

5장
가장 소박한 청원

> 강론

성령의 자유 안에서

목자의 모범이신 그레고리오 성인

오늘 우리는 그레고리오 성인을 기념합니다. 그레고리오 성인은 수도승, 주교, 교황이었고, 말씀의 사람이었습니다. 성경이 그 성경을 읽는 우리 안에서 성장한다는 것은 그의 뛰어난 직관입니다. "스크립투라 크레시트 쿰 레젠테Scriptura crescit cum legente(성경은 독자와 함께 자란다.)" 그레고리오 성인이 남긴 증언과 그의 다른 체험도 우리에게 빛과 위로가 됩니다. 그것은 그레고리오 성인이 여러 차례, 성경의 한 단락을 이해하지 못했을 때 그것을 사람들에게 설명하면서 깨닫게 되었다는 것입니다.

그래서 성인은 우리의 성경 설교의 수호자이고 성경에 대한 우리의 사랑의 수호자이며, 말씀의 사람입니다.

또 성인은 균형의 사람이기도 합니다. 저는 오래전 학생으로서 또 성서학 교수로서 로마에 살았던 때에 성인을 존경하게 되었습니다. 그 시기에 저는 내적으로 많은 모순과 감정들을 겪었고, 성인의《사목 지침서Regula pastoralis》를 읽으면서 도움을 받았습니다. 그 책은 균형의 걸작이고, 적절한 중도를 찾기 위해 반대 관점들을 계속 절충시키며, 그래서 특출한 삶의 가르침이 됩니다.

삶은 반대, 대립, 대조로 이루어져 있습니다. 우리는 언제나 중도를, 대립과 모순을 해소하는 길을 찾아야 합니다.《사목 지침서》는 이렇게 대립을 극복하고 평화를 이루는 것을 중심으로 하고 있습니다.

로마노 과르디니Romano Guardini가 젊었을 때 쓴 저서에서도 그레고리오 성인의 숙고들과 많은 공통점을 발견했고, 이것 역시 저에게 도움을 주었습니다. 이런 점들은 기꺼이 기억하고 싶습니다. 양극의 대립이 극단적인 것을 거부하고 계속해서 반대되는 것 사이의 균형을 다시 이룩하고자 한다면 그것은 성장과 기쁨의 요소가 됩니다. 그것이 우리에게 실제로 얼마나 복잡한지를 이해하도록 해 주기 때문입니다.

반면《에제키엘서 강론Homiliae in Hiezechielem》에는 오늘 성무일도의 그레고리오 성인 기념 독서로 제시하는 본문이 들어 있습니다. 여기에서 성인은 매우 가깝고 친근하게 느껴집니다.

성인은 자신이 삶 안에서 통합을 이룰 수 없음을 인정합니다. 자신이 이리저리 이끌리고 뒤흔들리기 때문입니다. 실상 성인은 수도자들에게 필요한 것을 마련해 주고, 시민들의 문제들을 돌보아 주고, 이교도들을 물리쳐야 했습니다. 성인은 때로 자신이 쓸데없는 말들을 하고 있음을 인정합니다. 처음에는 다른 사람에게 맞추어 호의를 얻으려는 마음에서 시작하지만, 나중에는 기꺼이 그것을 받아들이게 됩니다.

이렇게 성인은 매우 진실하고 겸손한 사람이었고, 자신이 혼란과 분열에 빠져 있음을 보면서 자신의 나약함을 인정하였고, 자신을 구원할 수 있는 분께 자신을 맡겼습니다. "이렇게 내 죄과를 인정함이 자비로우신 판관 앞에 아마도 내 죄에 대한 용서의 청원이 될지 모릅니다."

성인은 참으로 뛰어난 목자의 모범입니다. 게다가 성인은 사회적, 정치적, 교회적으로 매우 고통스러운 상황에서 살았습니다. 이민족의 침입, 모든 권위의 붕괴, 불의와 폭력의 증가, 동방과 어려운 관계. 성인은 우리의 상황이 어떠하든지 성인이 될 수 있음을 가르쳐 줍니다. 성인은 더 나은 순간을 기다리지 않았고 그 시대의 비극적인 어려움을 겪으면서 언제나 아버지의 뜻을 실행했으며, 그 뜻을 받아들임으로써 하느님의 거룩하심 안에 잠겨 있었습니다.

오늘날 그레고리오 성인은 모든 목자의 모범입니다. 특히 모두가 긴급하고 필요하며 다른 것보다 중요한 수천 가지 요구 속에서, 이 많은 긴급 상황에서 평화로이 살려고 노력해야 하는 모든 주교의 모범입니다. 또한 성인은 본당 신부들의 수호자입니다. 그들 역시 요구와 불평, 감정적 위협에 시달리며, 이 모든 것들에서 일치와 겸손과 진리를 찾아야 하는 처지에 있습니다.

그것은 하느님의 선물이고, 우리는 그레고리오 성인의 전구로 이것을 하느님께 청합니다.

함께 계시는 예수님

그러자 그들이 예수님께 말하였다. "요한의 제자들은 자주 단식하며 기도를 하고 바리사이의 제자들도 그렇게 하는데, 당신의 제자들은 먹고 마시기만 하는군요." 예수님께서 그들에게 이르셨다. "혼인 잔치 손님들이 신랑과 함께 있는 동안에 단식을 할 수야 없지 않느냐? 그러나 그들이 신랑을 빼앗길 날이 올 것이다. 그때에는 그들도 단식할 것이다."

예수님께서는 그들에게 또 비유를 말씀하셨다. "아무도 새 옷에서 조각을 찢어 내어 헌 옷에 대고 꿰매지 않는다. 그렇게 하면 새 옷을 찢을 뿐만 아니라, 새 옷에서 찢어 낸 조각이 헌 옷에 어울리지도 않을 것이다. 또한 아무도 새 포도주를 헌 가죽 부대에 담지 않는다. 그렇게 하면 새 포도주가 부대를 터뜨려, 포도주는 쏟아지고 부대도 버리게 된다. 새 포도주는 새 부대에 담아야 한다. 묵은 포도주를 마시던 사람은 새 포도주를 원하지 않는다. 사실 그런 사람은 '묵은 것이 좋다.'고 말한다."(루카 5,33-39)

루카 복음서의 이 단락은 요한의 제자들과 바리사이의 제자들의 기도를 언급하면서 시작됩니다. 요한의 제자들의 기도에 대해서는 이 단락 외에는 오직 루카 복음서 11장 1절에 언급됩니다. "제자들 가운데 어떤 사람이, '주님, 요한이 자기 제자들에게 가르쳐 준 것처럼, 저희에게도 기도하는 것을 가르쳐 주십시오.' 하고 말하였다." 이렇게 두 번만 언급되지만, 이 언급들은 의미가 깊습니다.

바리사이와 그 제자들의 기도에 대해서는 예를 들어 마르코 복음서에 나타납니다. "그들은 과부들의 가산을 등쳐 먹으면서 남에게 보이려고 기도는 길게 한다."(마르 12,40) 이 구절은 루카 복음서에도 병행 구절이 있습니다(루카 20,47 참조). 두 구절 모두 겉으로 보이는 것과 긴 기도를 강조합니다.

이렇게 해서 우리는 예수님께서 우리에게 가르쳐 주신 기도와 그들의 기도를 비교하게 되고, 다시 한번 주님의 기도의 귀중함이 나타납니다. 주님의 기도는 축도와 같고, 작은 보물과 같습니다. 이 기도의 모든 단어는 그리스도의 충만하심에 이르기까지 확장될 수 있고,

간략하고 단순하면서도 엄청난 앎과 힘을 담고 있습니다.

그리고 예수님께서는, 중요한 것은 단식보다는 신랑의 현존임을 가르치십니다.

이것은 새로운 사고방식입니다. 여기서 중요한 것은 법이 아니라 예수님의 인격적 사랑입니다. 신랑이며 친구로서 우리 가운데 계시는 하느님, 우리의 전부이신 예수님이 중요합니다.

분명 우리는 삶 안에서, 예수님과의 친밀함에 있어서 서로 다른 여러 순간들을 겪습니다. 그 친밀함이 쉽고 감미롭고 즐거운 순간들도 있습니다. 그때에는 《준주성범》에서 말하듯이 "에쎄 쿰 예수 둘치스 파라디수스esse cum Jesu dulcis paradisus" 즉, 예수님과 함께 있는 것이 감미로운 낙원이 됩니다.

그러나 예수님께서 침묵하실 때에는 우리는 우울해지고, 아기 예수의 데레사 성녀처럼 "나는 예수님께서 손 안에 갖고 노실 수도 있고 던져 버리실 수도 있는 작은 공이지만, 그래도 그분께서 나를 사랑하신다는 것을 압니다."라고 말할 수 있는 용기라도 있기를 바라게 됩니다.

"나를 심판하시는 분은 주님이십니다."

그러므로 누구든지 우리를 그리스도의 시종으로, 하느님의 신비를 맡은 관리인으로 생각해야 합니다. 무릇 관리인에게 요구되는 바는 그가 성실한 사람으로 드러나는 것입니다. 그러나 내가 여러분에게 심판을 받든지 세상 법정에서 심판을 받든지, 나에게는 조금도 문제가 되지 않습니다. 나도 나 자신을 심판하지 않습니다. 나는 잘못한 것이 없음을 압니다. 그렇다고 내가 무죄 선고를 받았다는 말은 아닙니다. 나를 심판하시는 분은 주님이십니다. 그러므로 주님께서 오실 때까지 미리 심판하지 마십시오. 그분께서 어둠 속에 숨겨진 것을 밝히시고 마음속 생각을 드러내실 것입니다. 그때에 저마다 하느님께 칭찬을 받을 것입니다.(1코린 4,1-5)

제1독서에서 우리는 위대한 영의 자유를 배울 수 있습니다. 우리도 우리 자신을 심판할 수 없고, 오직 하느님께서 심판하시기 때문입니다. "나는 잘못한 것이 없음을 압니다. 그렇다고 내가 무죄 선고를 받았다는 말은 아닙니다." 사람들이 나를 아무리 비판하거나 칭찬한다고 하더라도, 사람들의 판단에는 마음을 두지 않습니다. 내가 스스로를 심판하고 의롭다고 할 수 있는 것도 아닙니다. 오직 선하신 주님만이 나를 심판하시고 의롭다고 하실 수 있기 때문입니다.

제 교구의 한 신부가 기억납니다. 그는 훌륭한 신학자였고 영성이 뛰어났는데, 젊은 나이에 종양으로 세상을 떠났습니다. 그는 자신의 영적 유언에서 이렇게 말했습니다. "제가 저에게 생명을 주신 심판자 앞에 선다는 것이 기쁩니다. 그분께서 저를 심판하시면 이제 저는 저의 가치를 알게 될 것입니다. 제가 대단한 가치를 지닌 것은 분명 아니지만, 저는 그분께서 저를 사랑하시고 용서하시리라는 것을 압니다. 바오로 사도가 말하듯이 '주님께서 오실 때까지 미리 심판하지 마십시오. 그분께서 어둠 속에 숨겨진 것을 밝히시고 마음속 생각을 드러내실 것입니다. 그때 저마다 하느님께 칭찬을 받을 것입니다.'"

주님, 저희는 의로운 심판관이신 당신께 의탁합니다. 저희는 저희가 하느님의 뜻 안에서 살고 있는지, 참으로 복음을 살고 있는지, 저희 교회가 진정으로 충분히 복음적인지 남김없이 판단할 수 없다는 것에 만족합니다. 주님, 당신께서 그것을 아십니다. 당신께서는 사랑으로 저희를 심판하실 것이고, 또한 저희를 정화하는 능력을 지니고 심판하실 것입니다. 저희는 당신의 것이고 당신만이 저희의 마음 안에서 다스리시기를 바라기 때문입니다.

묵상 9

오늘 저희에게 일용할 양식을 주시고

 지금 이 순간, 금요일 이 시간에 예루살렘에서는 도시의 길들을 지나, 골고타를 향한 길을 끝맺고 무덤으로 가는 듯이 고통의 성모 제대에까지 이르는 십자가의 길을 하고 있습니다. 성모님의 전구로 우리를 예수님과 온 인류의 고통을 나타내 주는 그 길에 결합시켜 주시기를 청합시다.

 주님의 기도에서 우리가 아직 묵상하지 않은 청원 하나가 남아 있는데, 그것은 일용할 양식에 대한 청원입니다. 이 청원은 가장 작아서, 덜 중요하고 소박하다고도 말할 수 있습니다. 하지만 우리에게 더 직접적으로 관련되는 청원이기도 합니다.

 그리고, 다른 청원들이 아니라 이 청원이 있다는 점도 눈길을 끕니다. 저는 여러 번, 왜 믿음, 희망, 사랑을 얻기를 갈망하지 않고 그저 일용할 양식을 갈망하는지 의문을 가졌습니다.

이제, 예수님께서 우리에게 청하도록 하신 것이 얼마나 깊고 참된 것인지를 성령께서 비추어 주시리라 신뢰하며 이 말들의 의미를 찾아봅시다.

어떤 빵을 청하는가?

처음의 세 청원은 동사로 시작하는데("거룩히 빛나시며", "오시며", "이루어지소서"), 이 청원은 "일용할 양식을"이라는 명사로 시작됩니다. 빵이 강조되어 있다는 뜻입니다.

- "빵"은 무엇을 뜻할까요?

분명 물질적인 빵을 뜻하지만, 그 의미는 일상의 필요한 것, 생존을 위하여 필수적인 것으로도 확장될 수 있습니다.

- 그리스어 본문에서는 그 빵에 대하여 헤몬hemòn("우리의") 톤 에피우시온ton epioùsion이라고 말합니다.

톤 에피우시온ton epioùsion이 무엇을 말하는지는 아무도 모릅니다. 이 그리스어 단어는 지금까지도 그 의미가 온전히 밝혀지지 않았습니다. 성경에서는 이 단락에서만 사용되고, 그 밖에는 옛 파피루스 하나에 나타나지만 거기에서도 의미는 확실치 않습니다. 아마도 음식, 식료품과 관련된 것으로 보입니다. 고대의 번역본들도 여러 의미로 옮기고 있어서, 이 단어가 해석하기 어렵다는 것을 확인해 줍니다.

옛 라틴어 번역본(베투스 라티나Vetus latina)는 "일용할"로 옮기고, 오늘날 우리도 그렇게 옮깁니다. 그러나 이러한 선택을 설명할 수는 없습니다. 예로니모 성인의 대중 라틴말 성경은 천상 양식, 성찬의 빵, 하느님 아버지의 무한한 사랑의 빵, 영원한 생명의 빵으로 이해하여 "비물질적인, 영적인"으로 번역했습니다.

시리아어역은 "영원한"으로 번역했는데 이것 역시 오늘만을 위한 것이 아니라 영원을 위하여 오늘 주어지는 빵임을 나타냈습니다. 다른 시리아어역은 "필요한"이라고 말합니다.

사히드어(콥트어의 일종) 번역은 흥미롭게도 "오는"으로 옮깁니다. 이것은 아마도 그리스어 동사의 의미를 더 잘 살린, 문법적으로는 더 정확한 번역일 것입니다. 다른 콥트어 번역에는 "내일의"로 되어 있습니다. 내일의 빵을 말하는 것은, 낮에 일하는 사람은 이미 오늘의 빵을 갖고 있었던 것이고 저녁에 품삯을 받음으로써 내일을 위한 빵을 살 수 있었기 때문일 것입니다.

그러나 아무도 어떤 것이 가장 좋은 번역인지 모릅니다. 이탈리아 주교회의의 번역본과 다른 번역본들은 "일용할"로 옮겼고 우리는 그 선택을 따를 것입니다. 이것에는 나름의 논리가 있습니다.

- 마지막으로 지적할 점은, 마태오 복음서의 본문에서는 이 청원

이 톤 아르톤 헤몬 톤 에피우시온 도스 헤민 세메론ton àrton hemòn ton epioùsion dos hemìn sémeron, "오늘 저희에게 일용할 양식을 주시고"로 되어 있는데 루카 복음서에서는 약간 달라서, 같은 내용을 다른 형태로 표현한다는 점입니다. 톤 아르톤 헤몬 톤 에피우시온 디두 헤민 토 카트 헤메란ton àrton hemòn ton epioùsion didou hemìn lo kath'eméran. "날마다 저희에게 일용할 양식을 주시고." 루카는 좀 더 앞날을 내다보는 듯합니다. 오늘을 위한 빵만이 아니라 매일 주어지는 빵을 청하기 때문입니다.

누구의 기도인가?

이 청원을 하는 사람이 누구인지, 누구에게 이 청원이 적합한지를 물음으로써 묵상을 심화할 수 있을 것입니다.

− 일부 주석 학자들, 특히 주님의 기도를 예수님께서 순회하는 제자들 곧 전대도 돈도 없이 선교하도록 파견하시는(루카 10,4 참조) 제자들에게 주신 기도로 이해하는 이들은, 이 청원이 특히 그들에게 해당된다고 봅니다. 그들은 모든 것을 버렸고 아무것도 가진 것이 없으며, 그들이 내일을 걱정하지 않고 오늘 복음을 선포할 수 있기 위하여 하늘의 아버지께서 그들에게 생존에 필요한 것을 주시리라는 신뢰를 갖고 청합니다. 이 청원은 지극한 가난과 신뢰를 전제합니다.

분명 이것은 가장 급진적인 해석입니다.

― 복음서들에 들어 있는 이 청원은 또한 다른 상황들에도 적합합니다. 예를 들어 제자의 일반적인 상황에도, 다시 말하면 가진 것 없이 돌아다니며 순회의 삶을 사는 제자만이 아니라 예수님을 따르기로 했지만 자신의 재산에 의지할 수도 없고 엄청나게 내세울 것도 없는 제자의 일반적인 상황에도 적용됩니다. 그는 부유해지려고 하지 않고 대단한 안전을 찾지도 않으며, 다만 매일의 도움을 청합니다.

― 이 청원 이면에서 알아볼 수 있는 세 번째 상황은 스스로 나약하고 가난하다는 것을 알기에 아버지께 신뢰하는 사람의 상황입니다. 이것은 아름다운 신뢰의 기도입니다. 우리의 아버지께서는 우리가 이 모든 것들을 필요로 한다는 것을 아십니다. 우리의 아버지는 공중의 새들과 들의 백합을 돌보시며, 우리도 돌보실 것입니다(마태 6,25 이하 참조).

그러한 의미에서 빵에 대한 청원은 잠언에서 나타나는 영성과 닮은 점이 있습니다. 예를 들어 잠언 30장 7-9절에서는 이렇게 말합니다. "저는 당신께 두 가지를 간청합니다. / 제가 죽기 전에 그것을 이루어 주십시오. / 허위와 거짓말을 제게서 멀리하여 주십시오. / 저를 가난하게도 부유하게도 하지 마시고 / 저에게 정해진 양식만 허락해 주십시오. / 그러지 않으시면 제가 배부른 뒤에 불신자가 되어 / '주님이 누구냐?' 하고 말하게 될 것입니다. / 아니면 가난하게 되어 도둑질하고 / 저의 하느님 이름을 더럽히게 될 것입니다."

이와 유사한 내용을 잠언 27장 1절에서도 볼 수 있습니다. 이 구절은 주님의 기도의 빵에 대한 청원의 설명이 될 수 있습니다. "내일 일을 자랑하지 마라. / 하루 사이에 무슨 일이 생길지 알 수 없다." 다른 말로 하면 "오늘로 만족해라. 주님께서 오늘 너에게 주시는 것으로 만족해라. 내일 일은 내일의 문제이다."라는 것입니다. 이것은 잊을 수 없는 요한 23세 성인 교황님이 "만족하는 가난"이라고 부르셨던 영성입니다. 많은 것을 찾지 않고 자신이 지닌 것에 만족하며, 절망에 빠지지 않도록 필요한 것을 주시기를 주님께 청하지만, 또한 유혹과 위험에 빠지지 않도록 부유하게 만들지 마시기를 청하는 사람의 영성입니다.

지금까지 세 가지 상황을 고찰하면서 우리의 상황에 점점 더 다가왔습니다. 첫째 상황은 아무것도 가진 것이 없는 순회하는 제자들의 가난함입니다. 둘째는 예수님을 따르기로 했고 자신의 부유함이나 내세울 것에 의지하지 않고자 하는 제자의 상황입니다. 셋째는 재산이 질병과 죽음과 불행에서 자신을 지켜주지 못한다는 것을 알고 온전히 하느님께 의탁하는 사람의 일반적 상황입니다.

- 이제는 빵의 청원 아래에 깔려 있을 수 있는 네 번째 상황을 강조하고자 합니다. 그것은 예수님이라는 빵을, 영원한 빵을, 충만함의 빵을 열망하며 지금부터 그것을 청하는 신자의 상황입니다. 여기서 우리는 다시 에피우시온$_{epio\grave{u}sion}$을 "비물질적인"으로, 영원한 생명의

빵으로 옮기던 번역에 대해 말했던 것으로 연결됩니다.

이것은 요한 복음서 6장에 분명히 표현된 상황입니다. "예수님께서 그들에게 이르셨다. '내가 진실로 진실로 너희에게 말한다. 하늘에서 너희에게 빵을 내려 준 이는 모세가 아니다. 하늘에서 너희에게 참된 빵을 내려 주시는 분은 내 아버지시다. 하느님의 빵은 하늘에서 내려와 세상에 생명을 주는 빵이다.' 그들이 예수님께, '선생님, 그 빵을 늘 저희에게 주십시오.' 하자, 예수님께서 그들에게 이르셨다. '내가 생명의 빵이다. 나에게 오는 사람은 결코 배고프지 않을 것이며, 나를 믿는 사람은 결코 목마르지 않을 것이다.'"(요한 6,32-35)

생명에 빵에 관한 장에서는 같은 말씀들이 다시 되풀이됩니다. "나는 생명의 빵이다. 너희 조상들은 광야에서 만나를 먹고도 죽었다. 그러나 이 빵은 하늘에서 내려오는 것으로, 이 빵을 먹는 사람은 죽지 않는다. 나는 하늘에서 내려온 살아 있는 빵이다. 누구든지 이 빵을 먹으면 영원히 살 것이다. 내가 줄 빵은 세상에 생명을 주는 나의 살이다."(요한 6,48-51)

교부들의 주해를 읽어 보면, 이 두 가지 해석 모두를 받아들인다는 것을 볼 수 있습니다. 우리도 그렇게 할 수 있다고 생각합니다. 자녀와 같이 아버지께 우리 자신을 맡기며 매일의 필요한 것을 청하면서 또한 성찬의 빵을 청하는 것입니다.

"오늘 저희에게 일용할 양식을 주시고"라는 청원에는 매우 넓은 의미가 있으며, 각자가 성령께서 비추어 주시는 대로 어떤 의미를 부여할 수 있습니다. 그것은 사물의 본질에 관련된 청원이고, 그래서 어떤 점에서 예수님의 본질에 관련된 청원입니다.

겸손, 신뢰, 연대성

이러한 기도는 우리에게 복음적인 태도로서 어떤 것들을 시사하고 있을까요?

다섯 가지를 강조하려 합니다.

- 분명 이것은 부자들이 아니라 소박한 사람들의 기도입니다. 이 기도는 필요한 것으로 만족하기를, 지나친 것을 바라지 말기를, 모든 것을 차지하려 하지 말기를, 주어지는 것으로 감사하기를 말해 줍니다.

- 두 번째 태도는 아버지께 대한 자녀의 큰 신뢰입니다. 이 태도를 보여 주는 지극히 아름다운 기도인, 샤를 드 푸코 복자의 유명한 기도가 떠오릅니다.

"아버지,
이 몸을 당신께 바치오니
좋으실 대로 하십시오.

저를 어떻게 하시든지 감사드릴 뿐,
저는 무엇에나 준비되어 있고
무엇이나 받아들이겠습니다.
아버지의 뜻이
저와 모든 피조물 위에 이루어진다면
이 밖의 다른 것은 아무것도
바라지 않습니다.
제 영혼을 당신 손에 도로 드립니다.
당신을 사랑하옵기에
이 마음의 사랑을 다하여
하느님께 제 영혼을 바치옵니다.
당신은 제 아버지시기에
끝없이 믿으며
남김없이 이 몸을 드리고
당신 손에 맡기는 것이
어쩔 수 없는 저의 사랑입니다.
아멘."

이것은 오늘과 내일, 삶과 죽음 전체를 아버지께 내맡기는 것입니다.

- 세 번째 태도는 연대성입니다. 이 청원이 복수형으로 되어 있음을 기억합시다. "오늘 저희에게 일용할 양식을 주시고." 그래서 이 청원은 우리의 연대성을 불러일으키고 가난한 이들, 일용할 양식이 없는 이들과 기근으로 고통받는 민족들에 대한 관심을 불러일으킵니다. 이 기도에서 정의를 위한, 모든 이들이 적어도 생존에 필요한 것을 받도록 하기 위한 운동이 시작될 수도 있다고 생각합니다.

- 네 번째 태도는 산상 설교에 강렬하게 표현된 태도입니다. 앞에서도 언급했지만 다시 이야기하겠습니다. 우리가 그것을 쉽게 잊기 때문입니다. 저는 종종, 내가 정말로 산상 설교의 말씀을 믿고 그것을 살고 있는지, 진심으로 그 말씀을 저의 것으로 삼았는지를 묻습니다.

마태오 복음서 6장 25-34절의 말씀입니다.

"그러므로 내가 너희에게 말한다. 목숨을 부지하려고 무엇을 먹을까, 무엇을 마실까, 또 몸을 보호하려고 무엇을 입을까 걱정하지 마라. 목숨이 음식보다 소중하고 몸이 옷보다 소중하지 않으냐? 하늘의 새들을 눈여겨보아라. 그것들은 씨를 뿌리지도 않고 거두지도 않을 뿐만 아니라 곳간에 모아들이지도 않는다. 그러나 하늘의 너희 아버지께서는 그것들을 먹여 주신다. 너희는 그것들보다 더 귀하지 않으냐? 너희 가운데 누가 걱정한다고 해서 자기 수명을 조금이라도 늘릴 수 있느냐? 그리고 너희는 왜 옷 걱정을 하느냐? 들에 핀 나리꽃들이 어떻게 자라는지 지켜보아라. 그것들은 애쓰지도 않고 길쌈도 하지 않는다. 그러나 내가 너희에게 말한다. 솔로몬도 그 온갖 영화 속에서 이 꽃 하나만큼 차려입지 못하였다. 오늘 서 있다가도 내일이면 아궁이에 던져질 들풀까지 하느님께서 이처럼 입히시거든, 너희야 훨씬 더 잘 입히시지 않겠느냐? 이 믿음이 약한 자들아! 그러므로 너희는 '무엇을 먹을까?', '무엇을 마실까?', '무엇을 차려입을까?' 하며 걱정하지 마라. 이런 것들은 모두 다른 민족들이 애써 찾는 것이다. 하늘의 너희 아버지께서는 이 모든 것이 너희에게 필요함을 아신다. 너희는 먼저 하느님의 나라와 그분의 의로움을 찾아라. 그러면 이 모든 것도 곁들여 받게 될 것이다. 그러므로 내일을 걱정하지 마라. 내일 걱정은 내일이 할 것이다. 그날 고생은 그날로 충분하다."

금과 같은 말씀입니다. 그런데 우리는 그 말씀을 잊어버립니다. 확실하고 안전하고 눈에 보이는 계획에 집착하고 염려하고 매달리며, 섭리에 아무런 여지를 남겨 두지 않기 때문입니다. 섭리가 갑작스러운 불행이나 질병과 같은 뜻밖의 사건들로 우리를 놀라게 할 때 우리는 지나치게 우리 자신에 의지했음을 깨닫게 됩니다.

이렇게 해서 우리는 내일의 염려와 두려움을 이기고 아버지께 우리 자신을 내맡길 수 있는 능력을 검증하게 됩니다.

- 마지막 태도는 "빵"을 성찬의 빵으로 해석하는 데에서 도출됩니다. 그것은 우리의 일용할 양식인 성체에 대한 신뢰이고 매일 먹을 양

식인 하느님 말씀에 대한 신뢰입니다. 이 양식은 우리를 지지하고 위로하고 견고하게 하고 항구하게 할 힘을 지니고 있습니다. 우리 힘만으로는 해낼 수 없습니다. 그러나 겸손한 기도로 성찬의 빵, 말씀의 빵을 청할 때 그 빵은 유혹 속에서 우리를 지켜 주고 하느님의 약속들에 응답할 수 있는 항구함을 줍니다.

> 끝맺음

말씀의 풍요로움을 기억하며

주님의 기도를 종합적으로 한 번 읽으면서 그 청원들 안에서 예수님의 수난을, 그분의 영광과 부활을, 그리고 삼위일체를 바라보는 시간을 갖는다면 좋을 것입니다.

삼위일체가 현존하는 것은 우리가 "하늘에 계신" 아버지를 부르기 때문입니다. 하늘은 세상으로 확산되는 사랑의 불과 헌신의 물결이, 그리고 삼위일체의 신비인 사랑이 시작되는 곳입니다. 아버지는 성령 안에서 아드님을 낳으십니다.

삼위일체가 현존하는 것은 삼위일체가 예수님 안에서 활동하시기 때문입니다.

그분은 탁월한 의미에서 아버지의 이름을 거룩하게 하시는 분, 거룩하신 분, 축성되신 분, 세상에 파견되신 분, "거룩한 영으로는 죽은 이들 가운데에서 부활하시어, 힘을 지니신 하느님의 아드님으로 확인되신"(로마 1,4) 분이십니다. 그분은 또한 우리가 진리 안에서 거룩하게 되도록 우리를 위하여 당신 자신을 거룩하게 하시는 분이십니다.

예수님께서는 그분의 설교 안에서, 기적 안에서, 그분의 수난과 그분의 영광 안에서 오는 그 나라이십니다. 그 모든 것 안에서 완전하게 아버지의 뜻을 이루시고, 그 뜻이 그분의 양식입니다. "이 '뜻'에 따라, 예수 그리스도의 몸이 단 한 번 바쳐짐으로써 우리가 거룩하게 되었습니다."(히브 10,10) 하지만 그분은 모든 성체성사 안에, 우리에게 성자, 성부, 성령의 신비를 주시는 그 일용할 양식 안에 현존하십니다.

성령의 능력 안에서 예수님께서는 죄를 사해 주십니다. "성령을 받아라. 너희가 누구의 죄든지 용서해 주면 그가 용서를 받을 것이고, 그대로 두면 그대로 남아 있을 것이다."(요한 20,22-23) 그 성령께서는 우리를 유혹에서 지켜 주시고, "죄와 의로움과 심판에 관한 세상의 그릇된 생각을 밝히실 것"(요한 16,8)입니다.

오직 성령의 능력을 통하여 예수님께서는 우리를 악에서 구하십니다.

더 깊은 종합은 여러분에게 맡깁니다. 이냐시오 데 로욜라 성인은, 묵상을 제시하는 사람은 다만 몇 가지 자극을 주는 것이고 그다음에는 피정자 자신이 피정이 끝난 다음에도 하느님 말씀의 풍요로움을 기억하며 작업해야 한다고 말합니다.

우리의 발걸음을 비추는 빛이신 이 말씀 안에서 서로 일치하여, 그 말씀에 여러분을 맡깁니다. 우리의 모든 저항 속에서도 그 말씀에는 우리를 성화하고 우리가 예수님처럼 살게 할 힘이 있기 때문입니다.

묵상 노트

"이와 같이 너희의 빛이 사람들 앞을 비추어,
그들이 너희의 착한 행실을 보고
하늘에 계신 너희 아버지를 찬양하게 하여라."
(마태 5,16)

,

부록

일상의 작은 쉼표, 피정

피정은 '피세정념避世靜念' 또는 '피속추정避俗追靜'의 준말로, '가톨릭 신자들이 영성 생활에 필요한 결정이나 새로운 쇄신을 위하여 일상에서 벗어나 고요한 곳에서 묵상, 성찰, 기도 등 종교적 수련을 하는 일'입니다. 또 우리를 하느님 안에서 영적으로 쉴 수 있도록 하며, 고요함 안에서 오로지 그분께 의탁하는 시간이기도 합니다.

각 피정마다 특별한 목적이 있을 수 있겠으나, 가장 보편적인 방법은 영신 수련에 의한 피정입니다. 성서적인 주제를 핵심으로 하는 방법으로 특히 복음서를 바탕으로 예수님의 생애를 관상하곤 합니다.

책 속에서 마르티니 추기경은 "피정은 성령께 귀를 기울임으로써 성령의 도우심을 받아 지금 이 순간에 하느님의 뜻이 무엇인지 식별하고, 기쁨과 신뢰로 그 뜻을 받아들여 실행하는 것"이라 말합니다. 우리가 피정에서 체험하고자 하는 것은 하느님과 진정으로 만나는 것입니다. 그러기 위해서는 자신을 온전히 내어 맡기는 자세가 필요합니다.

피정을 이끄시는 분은 주님이십니다. 주님께 내 자신을 내어 맡길 때, 우리는 그 안에서 진정으로 쉼을 얻고, 그분의 말씀을 들을 수 있습니다.

우리 일상에는 '쉼'이 꼭 필요합니다. 쉼이 없다면 삶은 메마른 사막처럼 황폐해질 것입니다. 하지만 여기서 말하는 쉼은 단순한 물질적 쉼보다는 영적인 쉼에 가깝습니다. 물질적인 쉼은 육체의 피로만 풀어 주지만 영적인 쉼은 영혼의 피로까지 풀어 줍니다.

피정은 우리에게 영적인 쉼을 줍니다. 그래서 피정 중에는 세상이 주는 물질적인 기쁨과 거리를 두고, 영적으로 자유로울 수 있도록 잠시 내 자신을 비우는 작업을 하곤 합니다. 이렇게 자신을 비우는 과정 안에서 하느님의 현존하심을 더욱 깊게 느낄 수 있고, 피정 안에서 주님과 함께 머무르면서 영적인 쉼을 통해 새로운 힘을 얻을 수 있습니다.

피로하다는 느낌이 들 때 그것이 육체적인 피로만이 아니라는 느낌이 든다면 "가서 좀 쉬어라."(마르 6,31)라고 말씀하셨던 예수님처럼, 일상을 벗어나 피정을 떠나 보세요. 피정이 주는 쉼 속에서 삶이 풍요로워질 것입니다.

수도권에서 가깝게 갈 수 있는
피정·기도의 집 안내

* 자세한 피정 내용과 신청 절차는 안내된 해당 피정의 집 연락처로 문의하시길 바랍니다.
  전국 피정·기도의 집 안내는 한국천주교주교회의 누리집에서도 확인하실 수 있습니다.
  (http://missa.cbck.or.kr/retreat.asp)

1. 서울대교구

골롬반 선교 센터	☎ (02)953-0613
꼰벤뚜알 프란치스코 피정의 집	☎ (02)793-2070
노틀담 수녀회 노틀담 교육관	☎ (02)3673-2274
마리스타 교육관	☎ (02)333-6227
사랑의 씨튼 수녀회 씨튼영성센터	☎ (02)744-9825
삼성산 성령 수녀회 삼성산 피정의 집	☎ (02)874-6346, 5008
샬트르 성 바오로 수녀회 서울관구 성 바오로 피정의 집	☎ (031)311-0074~5, 010-9027-0074
성가소비녀회 피정의 집	☎ (02)940-5901
성령 쇄신 봉사 회관	☎ (02)867-7900

성 베네딕도회 서울 수도원 피정의 집	☎ (02)2273-6394~5
성북동 기도의 집	☎ (02)747-8507
예수고난회 서울 우이동 명상의 집	☎ (02)990-1004, 2004
예수회 센터	☎ (02)3276-7733
용문 청소년 수련장	☎ (031)774-3587
작은 형제회(프란치스코회) 프란치스코 교육회관	☎ (02)6364-2200
전교 가르멜 수녀회 영성의 집	☎ (02)737-7764
전·진·상 영성 사목 센터	☎ (02)726-0700, 0701
툿찡 포교 베네딕도 수녀회 서울 수녀원 상지 피정의 집	☎ (02)923-3547, 928-5175, 927-7004
한국순교복자성직수도회 복자 사랑 피정의 집	☎ (02)762-2067

2. 수원교구

가톨릭 교육 문화 회관	☎ (031)457-6220~1
가톨릭 청소년 문화원	☎ (031)268-5316
갓등이 피정의 집	☎ (031)298-8564
고초골 피정의 집	☎ (031)332-3457(원삼 성당)
기천리 베네딕도 교육원	☎ (031)354-2160
까리따스 거단길 피정의 집	☎ (031)8052-1400~1
까리따스 젊음의 집	☎ (031)328-8270
델질리오 기도의 집	☎ (031)353-8684
마리아 뽈리 센터	☎ (031)456-7423~4
말씀의 집	☎ (031)254-8950, 8960
몬띠 피정의 집	☎ (031)271-4981
미리내 묵상의 집	☎ (031)674-1254
미리내 성지 순례자의 집	☎ (031)674-1256~7
사랑과 평화의 집	☎ (031)882-7376
새감 영성의 집	☎ (031)332-2903
성 라자로 학생 교육관	☎ (031)452-4071
성모 교육원	☎ (031)263-4222
성심 교육관	☎ (031)262-7600

성 필립보 생태 마을	☎ (033)333-8066
수원교구 영성관	☎ 070-4047-2046, (031)8057-0177
스승 예수 피정의 집	☎ (031)886-1101
아론의 집	☎ (031)452-4071
양평 옥천 피정의 집	☎ (031)771-7874
여주 피정의 집	☎ (031)886-4108~9
영보의 집	☎ (02)502-3166
영보 피정의 집	☎ (031)333-7668
오자남 생활 학습관	☎ (031)246-2930
프란치스코 기도의 집	☎ (031)771-6133
하상 신학원	☎ (031)290-8898

3. 인천교구

가르멜 수도회 피정의 집	☎ (032)542-2625
갑곶 순교 성지 50주년 기념 영성 센터	☎ (032)933-1525
노틀담 생태 영성의 집	☎ 070-4469-2603
마리아니스트 영성 센터	☎ 010-3409-6726
바다의 별 청소년 수련원	☎ (032)932-6318

4. 원주교구

도미니코 피정의 집	☎ (033)343-0201
배론 성지 두메꽃 피정의 집(개인)	☎ (043)651-7523
배론 성지 순교자들의 집(단체)	☎ (043)651-4527
별수아골 생태 살림터	☎ (043)651-8356
용소막 성당 두루의 집(40-50명)	☎ (033)763-2343